Jimena Fernández-Pinto

I CHING

Para gente ocupada

OCEANO AMBAR

I CHING PARA GENTE OCUPADA

Ilustraciones: Conrad Roset
Diseño y cubierta: Jordi Galeano
Edición: Pere Romanillos, José Andrés Rodríguez
Edición digital: Jose González
Edición a cargo de Esther Sanz

© Jimena Fernández-Pinto, 2010

© Editorial Océano, S.L., 2010
GRUPO OCÉANO
Milanesat 21-23 – 08017 Barcelona
Tel: 93 280 20 20 – Fax: 93 203 17 91
www.oceano.com

Reservados todos los derechos. Ninguna parte de esta publicación puede ser reproducida almacenada o transmitida por ningún medio sin permiso del editor.

Cualquier forma de reproducción, distribución, comunicación pública o transformación de esta obra sólo puede ser realizada con la autorización de sus titulares, salvo excepción prevista por la ley. Diríjase a CEDRO (Centro Español de Derechos Reprográficos, www.cedro.org) si necesita fotocopiar o escanear algún fragmento de esta obra.

ISBN: 978-84-7556-730-3
Depósito legal: B-46420-LIII
Impreso en España

9003017010111

«El punto de vista chino se desentiende de la actitud que uno adopta en cuanto al funcionamiento del oráculo. Únicamente nosotros, los occidentales, nos sentimos perplejos porque tropezamos una y otra vez con nuestro prejuicio, o sea, con la noción de causalidad.

La antigua sabiduría de Oriente pone el acento en el hecho de que el individuo inteligente entienda sus propios pensamientos, pero no le preocupa en lo más mínimo la forma en que lo hace. Cuanto menos piense uno en la teoría del I Ching, mejor dormirá.»

Carl Gustav Jung, prólogo de la edición del I Ching
de Richard Wilhelm. Zurich, 1949.

Índice

¿Cuento chino o...?......6

Preguntas y respuestas......9
  ¿Qué es el I Ching?......10
  ¿A quién le sirve el I Ching?......13
  ¿Cuándo utilizar el I Ching?......16
  ¿Cómo puedo escuchar mi voz interior con el I Ching?......18
  ¿Por qué el I Ching?......24

La lengua secreta del I Ching......27
  La lengua del I Ching......28
  Aprendiendo a hablar en I Ching......30
  ¿Cómo es la lengua del I Ching?......32
  Práctica 1: Ideas nuevas e ideas de siempre......39
  Las vocales del I Ching: yin y yang......40
  Práctica 2: Los sonidos del I Ching......44
  Mis primeras palabras del I Ching......46
  Práctica 3: Palabras del I Ching......50
  Vocabulario básico del I Ching......56
  Práctica 4: Mis primeras frases en I Ching......62
  Las palabras cambian......66
  Práctica 5: Entender los cambios......73
  Práctica 6: Repaso......76

I Ching para cada día......81
  La poesía del I Ching......82
  Práctica 7: Mi primer poema I Ching......87
  La meditación del I Ching......88
  Práctica 8: Mi primera meditación I Ching......95
  La danza del I Ching......96
  Práctica 9: Mi primera coreografía I Ching......108
  La filosofía del I Ching......111
  Práctica 10: Mi fluir con el I Ching......119
  La dieta del I Ching......123
  Práctica 11: Mi menú I Ching......140
  Consultar el I Ching......143
  Práctica 12: Mi uso del I Ching......148

Más allá del I Ching......151
  Cambio, fluir......154
  Encontrarse......157
  Un barco en la tempestad......160
  Mirar los cambios de frente......162
  Un corazón abierto......164

Agradecimientos......166

¿Cuento chino o...?

Hay un consejero que estará siempre a tu lado, siempre disponible y con la mejor de las respuestas. Este consejero es una suerte de secretario particular a tiempo completo que te transmite mensajes que encierran las palabras que te permiten encontrar tu camino. No, no es caro, no hace falta que tengas millones para contratarlo. Te hablará entre susurros. Te provocará dulces escalofríos. No, tampoco es Brad Pitt, ni Monica Belluccio... Es accesible. Sólo te pide una cosa: eso que vale más que el oro.

Tiempo. Entonces es cuando una dulce melodía, por más maravillosa que sea, suena como un disco rayado, ¿verdad? ¿Tiempo con los tiempos que corren? ¡Pero si parece que la Navidad llegue antes cada año! Pero...

A veces hay buenos «peros». Pero es que este libro que tienes entre manos te lo pone fácil y rápido. Este libro te permite utilizar el I Ching como la palma de tu mano en un viaje de metro.

El I Ching en su edición clásica de Edhasa es un libro para toda la vida. Es lo que tiene la filosofía o cualquier camino que nos lleve hacia nuestra voz interior, nuestro centro, nuestro jardín de paz, eterno entre tormentas. Por suerte, hay personas en esta vida que van de mochileros por todas partes, recorren muchos caminos y luego nos simplifican la vida. No hace falta que te retires a un monasterio a meditar para saber cuál es el paso más conveniente, la mejor actitud, lo que te conviene, lo que no, cómo aguantar el trabajo, conseguir lo que quieres, realizar tus sueños o si George Clooney te invita este fin de semana a tomar un cafelillo o te pasa el teléfono de...

Basta con que sigas los pasos que te proponemos en este libro. Así de sencillo. Ojéalo y lo verás. Basta con que te leas los primeros capítulos y ya habrás aprendido sobre el I Ching para aplicarlo de forma inmediata. Quien lo ha escrito sí ha estado en los monasterios, ha respirado las hojas de este sagrado libro y ha reflexionado tanto sobre él que puede hacer que lo entiendas. Además está la experiencia en la enseñanza de la autora, que eso ayuda. Y las amistades a quienes ha convencido de que el I Ching es muy fácil. El movimiento se demuestra andando y tirando las monedas para dar con tu consejero interior. ¿O es una consejera?

Ve en su búsqueda porque hace mucho tiempo que te está esperando. Ahora, aunque tu lista de obligaciones y ocupaciones sea más larga que la de un mandarín imperial, ya no tienes excusas. Acompáñate de este libro y luego consulta tu I Ching. Casi con los ojos cerrados… Después de estas páginas podrás entrar en tu libro del I Ching y sin que te pese, sino aligerándote para que alces el vuelo hacia tus cielos.

No, no es un cuento chino.

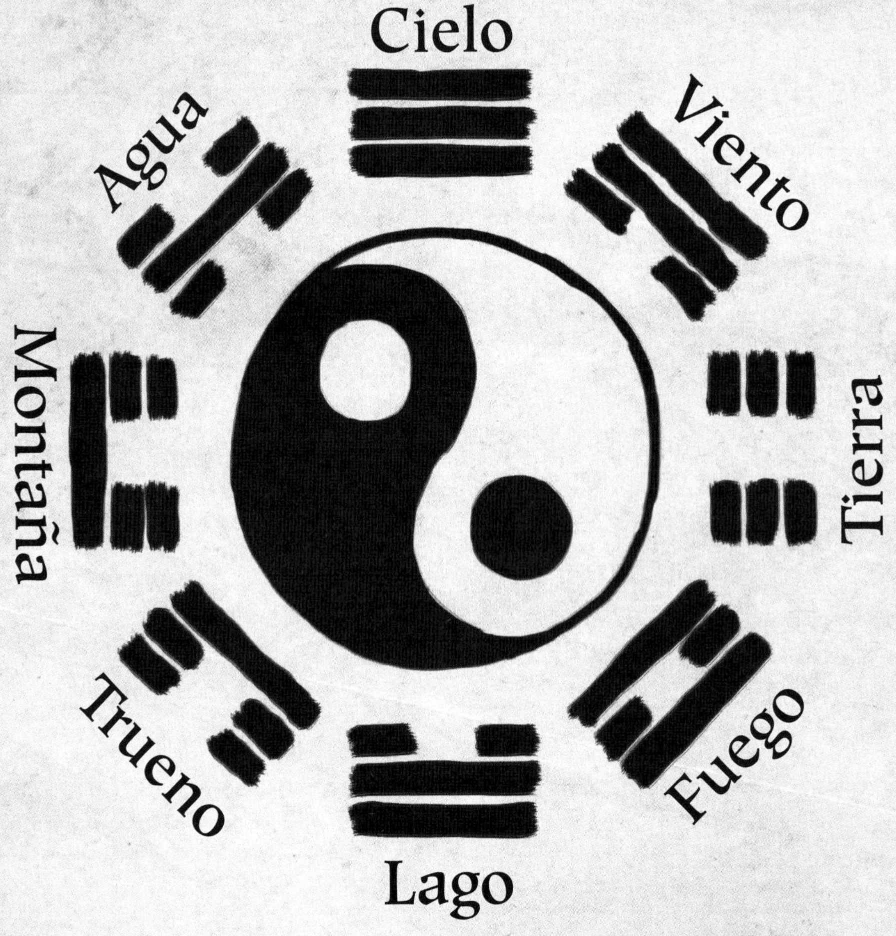

Cielo
Viento
Tierra
Fuego
Lago
Trueno
Montaña
Agua

Preguntas y respuestas

¿Qué es el I Ching?

Es un libro simbólico, de tono poético y mágico, que se emplea desde hace 5.000 años y con el que podemos interpretar los cambios en la vida. Se supone que una vez que hayamos hecho el análisis, podremos actuar mejor, mantener una actitud que nos beneficie o, al menos, no estancarnos. Pero somos humanos, no lo olvidemos. Puede que aún con todo el análisis, el estudio y las interpretaciones hagamos justamente lo que no deberíamos hacer o no nos conviene. En el I Ching hay espacio para ello también. Porque lo que importa es que el cambio se verifica y ya no seremos iguales; hasta el próximo, claro está.

El cambio es algo que, desde siempre, impone un cierto resquemor a mucha gente en diferentes partes del mundo. Hay personas que buscan el cambio constantemente, que en cierta manera lo eligen. Hay también personas que prefieren que todo siga igual de seguro que siempre. Tanto para unos como para otros, cuando «se les cae un piano encima» la primera reacción es de desasosiego. El cielo, parece estar plagado de «pianos».

Hay gente que los atrae, son más musicales. Hay gente que los evita hasta que les llega una orquesta completa. Nadie nos enseña que a veces hay cambios negativos que nos llevan a romper muros, incluso quebrándonos la cabeza, y que la libertad posterior es lo mejor que nos podría haber sucedido. Hay cambios muy difíciles de digerir, sobre todo cuando atañe a cuestiones relacionadas con la salud, por ejemplo. Cada uno de nosotros puede hacer una lista mental de muchos tipos de cambios que nos asustan, que no nos gustan, que nos dan miedo, que nos molestan, que nos destruyen, que hubiéramos deseado que no ocurrieran. Pero si miramos un poco más allá de nuestras narices, puede que sea posible aceptar lo que nos está sucediendo y sacar lo mejor de nuestras circunstancias. Pues bien, el I Ching entonces es tu libro de consulta para el resto de tu vida.

No es un libro que se lea de cabo a rabo, sino un libro de consulta, como si fuera una brújula que te indica dónde está tu norte. Te ayuda a navegar por tormentas. Pero no da respuestas categóricas. Son respuestas siempre simbólicas. Entonces ese mensaje da en el blanco de tu inconsciente y tú mismo empiezas a encontrar tus respuestas que se adaptan a tu vida y a tus circunstancias. Si se viene usando desde hace más de 5.000 años, por algo será, ¿verdad?

¿Cómo utilizar este libro?

No hay un orden estricto.

- **Puedes comenzar por la Parte II**. Si estás decidido ante todo a empezar a entender el I Ching, empieza por aquí. Haz las prácticas, consulta la Parte IV y aprovecha para contrastar y analizar ambas.

- **Puedes ir directamente a la Parte IV**. Si eres una persona reflexiva, es posible que necesites entender primero las reflexiones que propone este sistema de conocimiento y que luego eso te conduzca hacia otras secciones del libro.

- **Puedes leer primero la Parte III**. Si ya estás aburrido de tantas ideas, no encuentras la forma de llevarlas a cabo en tu día a día y buscas inspiración y formas concretas que te den pistas para luego crear las tuyas propias o ampliar las que ya tienes. Puede que esto te conduzca a la siguiente parte, o quizá prefieras ir a las interpretaciones sin más dilación.

Empieces por donde empieces, intento que cada parte suscite tu curiosidad para que sigas leyendo con ganas y así aprendas algo nuevo.

¿A quién le sirve el I Ching?

A cualquiera que necesite un buen consejo sin que le juzguen. A veces nos dan un excelente consejo pero no podemos aplicarlo, por el motivo que sea. O bien nos dan una serie de sugerencias que le convienen más a quien las da… que a quien las recibe. ¿Quién puede darnos un consejo útil, aplicable a nuestro caso, teniéndonos en cuenta? No es fácil encontrar a alguien así: que sepa escuchar bien y que tenga en cuenta nuestras virtudes y defectos, nuestras aptitudes y dificultades, y que con todo eso pueda darnos un consejo a la medida.

No hay consejos perfectos. Hay una persona, su mundo, una situación y muchas posibilidades. A veces el problema que tenemos no nos deja ver más allá. Puede que no sepamos comunicarlo bien y que entonces nos enredemos en explicaciones y más explicaciones que no hacen sino enredarlo todo aún más. Mientras, nosotros seguimos en medio.

Tranquilos, no estamos en un callejón sin salida. Hay una manera. Sin lugar a dudas, la respuesta válida es… nuestra voz interior.

A ciertas personas les va bien plantearse esa «pregunta importante» justo antes de irse a dormir. El sueño de esa noche trae la respuesta. Hay otras que rezan y esperan la inspiración. Los que meditan dedican más tiempo a sus pensamientos y después ven las cosas mucho más claras. Es entonces cuando la respuesta aparece. Se haga lo que se haga, siempre se trata de un acto muy interior.

No es fácil escuchar la voz interior. Por eso existen tantas mancias, y no solamente para augurar el porvenir. Por ejemplo, si elegimos el tarot nos encontraremos con que nos esperan varios años de estudio y práctica hasta dominarlo. Si preferimos la astrología, veremos que necesitamos más tiempo todavía y que no puede darnos consejos aplicados a una situación concreta. Entonces miramos la palma de nuestra mano y tampoco encontramos una manera fácil, cómoda y práctica de dar con lo que nos dice nuestra voz interior. Podemos optar por abrir nuestro corazón a un buen amigo. Nos dará un montón de consejos pero seguro que no podrá escuchar nuestra voz interior. ¿Por qué? Esa voz se comunica única y exclusivamente con la persona que le da cobijo: es la voz de nuestra alma.

El I Ching cumple diferentes funciones, pero yo diría que la más interesante es precisamente la de ayudarnos a escuchar nuestra voz interior. A su favor tiene que es de fácil uso, directo, no requiere mediadores que corran el riesgo de interpretar nuestro mundo a su medida, nos carga de energía, con su ayuda empezamos a ver las cosas desde otro punto de vista y de repente… ya lo sabemos. Nuestra voz interior siempre nos habla, pero no siempre sabemos cómo escucharla.

> El I Ching cumple diferentes funciones, pero yo diría que la más interesante es precisamente la de ayudarnos a escuchar.

¿Cuándo utilizar el I Ching?

Cuando tenemos una pregunta que sólo nuestra voz interior puede contestar. La voz interior es un pensamiento que inmediatamente se reconoce como captado, no producido. No tiene manías. Podemos preguntarle por una compra, una relación, un trabajo, un coche, un viaje, una filosofía, un dolor o un placer (aunque me temo que los placeres no suelen admitir muchas preguntas, ¿verdad?).

A veces necesitamos una visión más amplia de nuestra realidad, porque simplemente no podemos ver más allá de nuestro ombligo. Es normal y nos pasa a todos: simplemente, somos humanos.

Por lo tanto, puede que nuestra búsqueda vital nos conduzca a muchos hallazgos. Sin embargo, el aprendizaje no acaba un día determinado antes de que nosotros nos transformemos en energía pura y dejemos este mundo. El camino es largo y en más de una ocasión, por más que nos dirijamos a una cúspide alta para observar la región por la cual transitamos, puede que necesitemos un buen mapa. Cuando nos hace falta saber dónde estamos, hacia dónde vamos y de qué manera lo hacemos, justo entonces es cuando podemos recurrir al I Ching.

El I Ching también se utiliza como oráculo. Una posibilidad no contemplada en este libro, ya que está destinado a quienes comienzan a dar sus primeros pasos acompañados de este poderoso compañero.

- Cuando no sabemos qué hacer, qué rumbo tomar, o qué elegir.
- Cuando queremos saber qué nos conviene más.
- Cuando necesitamos una orientación sobre cómo ayudarnos.
- Cuando nos interesa saber cuál es la mejor actitud para enfrentar un problema.
- Cuando tenemos miedo y nos sentimos paralizados.
- Cuando estamos bloqueados.
- Cuando buscamos fe.
- Cuando no vemos una salida a lo que nos sucede.
- Cuando buscamos una visión más amplia sobre nuestra realidad.
- Cuando necesitamos un consejo.
- Cuando queremos escucharnos.
- Cuando necesitamos un impulso para volar.

¿Cómo puedo escuchar mi voz interior con el I Ching?

Con el I Ching podemos ver el símbolo de determinadas ideas como, por ejemplo, «recibir o dar», «esperar o darse prisa»

Todos estamos de acuerdo: los sueños son una manifestación de nuestro interior. Se muestran mediante un lenguaje simbólico que, la mayoría de las veces, es propio y único de quien sueña. Por ejemplo, cuando alguien nos menciona la palabra «casa», casi todos imaginamos la típica casita que dibujábamos cuando éramos pequeños. Eso que todos visualizamos es el símbolo de «casa», pero no una casa en concreto. Si alguien nos muestra un dibujo de una casita de ese tipo, pensaremos en la idea de casa y luego la acomodaremos a nuestros criterios.

Precisamente, lo que hace el I Ching es mostrarnos algo similar a ese dibujo, pero no ya de una casa sino de ciertas ideas más complejas. Con el I Ching podemos ver el símbolo de determinadas ideas como, por ejemplo, «recibir o dar», «esperar o darse prisa»...

Ahora bien, de ahí a que un libro con símbolos y yo (quien consulta) conectemos a niveles personales, hay un buen trecho. Sin embargo, es posible.

Quien desarrolló esta posibilidad de manera científica, identificándola y describiéndola fue el Dr. Rupert Sheldrake, formado en botánica en Cambridge y con una experiencia a nivel internacional. Allá por los años ochenta, Sheldrake publicó una interesante teoría sobre los campos morfogenéticos.

Según esta idea, cada cosa viviente está rodeada de energía. Así no sólo ocupamos un espacio físico, sino también uno energético. Dicha energía no se ve afectada ni por la distancia ni por el tiempo. No se trata de una forma de energía localizada, sino de una energía que existe en todas partes y en todo el tiempo. En psicología se han desarrollado determinadas terapias basadas en este tipo de sucesos, más conocidas como terapias sistémicas.

En palabras del Dr. Sheldrake: «Cada tipo de molécula, cada proteína por ejemplo, tiene su propio campo mórfico: un campo de hemoglobina, un campo de insulina, etc. De igual manera, cada tipo de cristal, cada tipo de organismo, cada tipo de instinto o patrón de comportamiento tiene su campo mórfico. Estos campos son los que ordenan la naturaleza. Hay muchos tipos de campos, porque hay muchos tipos de cosas y patrones en la naturaleza...».

Conexión morfogenética

Voy a explicarte paso a paso cómo hacer que fluya esta corriente de comunicación o transmisión.

I. Es importante no inundar el espacio de consulta con sonidos externos. Una consulta del I Ching debe hacerse en un ambiente silencioso.

Los monos de Koshima

Para entender mejor la teoría sobre los campos morfogenéticos de Sheldrake, vamos a viajar hasta la isla de Koshima (Japón). Corría el año 1952 cuando allí se llevó cabo un interesante experimento con una especie de monos autóctonos. Los científicos alimentaban a estos simios a base de boniatos sin lavar. Una hembra que respondía al nombre de Imo (casualmente significa «patata» en japonés), descubrió que lavando el tubérculo en el mar, además de perder la tierra, tenía mejor sabor. Pronto todos los monos de la isla de Koshima aprendieron el truco.

Al mismo tiempo que esto sucedía, todos los monos de Japón y más tarde los del resto de Asia, comenzaron a lavar sus boniatos. Y lo más curioso es que en todo momento se había evitado el contacto de los monos de Koshima con los del resto del país.

Estos campos morfogenéticos son la superficie intangible de energía sobre la cual nuestro inconsciente puede materializarse en una mancia de cualquier tipo, no solamente con el I Ching.

2. Antes de tirar las monedas o elegir el hexagrama, hay que concentrarse. Para ello, podemos hacer un sencillo ejercicio de respiración y relajación durante unos cinco minutos.

3. Hacemos tres respiraciones profundas, inspirando, llevando el aire a todos los rincones de nuestro cuerpo y espirando profundamente hasta quedarnos sin aire.

4. Continuamos inspirando y espirando mientras imaginamos que, cada vez que inspiramos aire, también adquirimos amplios niveles de relajación que llevamos a una parte de nuestro cuerpo. Y cuando sacamos aire, nos quitamos tensión.

Estos preparativos son necesarios para encauzar nuestra concentración y para eliminar ruidos de todo tipo, externos e internos, que dificultarían en grado excesivo nuestra conexión morfogenética.

La hora de las preguntas

Una vez realizados los preparativos de la consulta, llega el momento de hacer nuestra pregunta. Por ejemplo: ¿Cuál es la mejor actitud para enfrentarme a mi desempleo? ¿Qué digo a X sobre la compra de la casa? ¿Cuál es la mejor manera de pedirle un aumento a mi jefe? ¿Para qué me sirve este trabajo? ¿Qué me aporta esta relación? ¿Me conviene X?...

Nunca pidamos más de una opción al I Ching o lo único que conseguiremos serán respuestas confusas. La manera más sencilla de formular una pregunta es preguntando como si quisiéramos obtener un sí o un no. Por ejemplo, cada vez que pensamos en términos de si algo es mejor o peor, conviene hacer la pregunta con la expresión «Es conveniente o me conviene…». Conveniente y bueno no son dos términos equivalentes. Puede que perder un trabajo (algo nada bueno) nos conduzca a encontrar otro mucho mejor en el que nos sintamos más realizados y por ello resulte conveniente.

Podemos preguntar por la manera de realizar algo, por su causa o por un objetivo, empezando nuestra pregunta con un «cómo», un «por qué» o un «qué». ¿Cómo salgo de esta situación? ¿Cómo le digo a X que estoy harta de él o de ella sin hacerle daño? ¿Cómo puedo persuadir a X para que hagamos tal proyecto? ¿Cómo encuentro un trabajo mejor? ¿Por qué no encuentro un buen amigo? ¿Por qué no encuentro pareja? ¿Qué puedo hacer para encontrar pareja?

Otras veces, no sabemos cómo comunicar una noticia a alguien o cómo plantear un tema que nos parece espinoso, entonces podemos preguntarlo directamente: ¿Qué le digo a X? Eso sí, cada vez que nuestra pregunta involucre a otra persona, hemos de imaginarla mentalmente. Y ten en cuenta que si pensamos en otra cosa u otra persona, la respuesta saldrá cruzada.

Muchas personas tienden a escribir su pregunta porque les ayuda a focalizarla, lo cual no suele ser mala idea, pero eso depende de cada consultante.

¿Por qué el I Ching?

Aun sin conocerlo en profundidad ni dedicarle muchas horas de estudio, con el I Ching podemos obtener respuestas que nos llenen. Basta con concentrarse, tener una pregunta, querer escuchar una respuesta y ganas de pensar.

El I Ching no nos dirá «corre detrás de él o ella», «no dejes escapar esta oportunidad», «cómprate una casa»… El I Ching nos contesta de manera poética, y muchas veces sin entenderlo del todo. Hay algo que enciende nuestros motores para que nos pongamos en marcha.

Tras escuchar una respuesta del I Ching, es inevitable reflexionar o darle vueltas al asunto hasta dar con la resolución. En realidad, estamos abriendo la puerta a nuestra voz interior y, sin lugar a dudas, ella se manifiesta.

El I Ching empezó a usarse en el año 3000 a. C. Generaciones y más generaciones lo han consultado. Esto querrá decir algo, ¿verdad? Para hacerse una idea: hay más webs dedicadas al I Ching que a Penélope Cruz o Fidel Castro.

Además de ser un sistema conocido, da respuestas a millones de personas en diferentes partes del mundo y en diferentes momentos de la historia desde hace 5.000 años. De acuerdo, esto no garantiza que funcione o que nos sirva, pero puede que probarlo no sea tan mala idea.

> Tras escuchar una respuesta del I Ching, es inevitable reflexionar o darle vueltas al asunto hasta dar con la resolución. En realidad, estamos abriendo la puerta a nuestra voz interior y, sin lugar a dudas, ella se manifiesta.

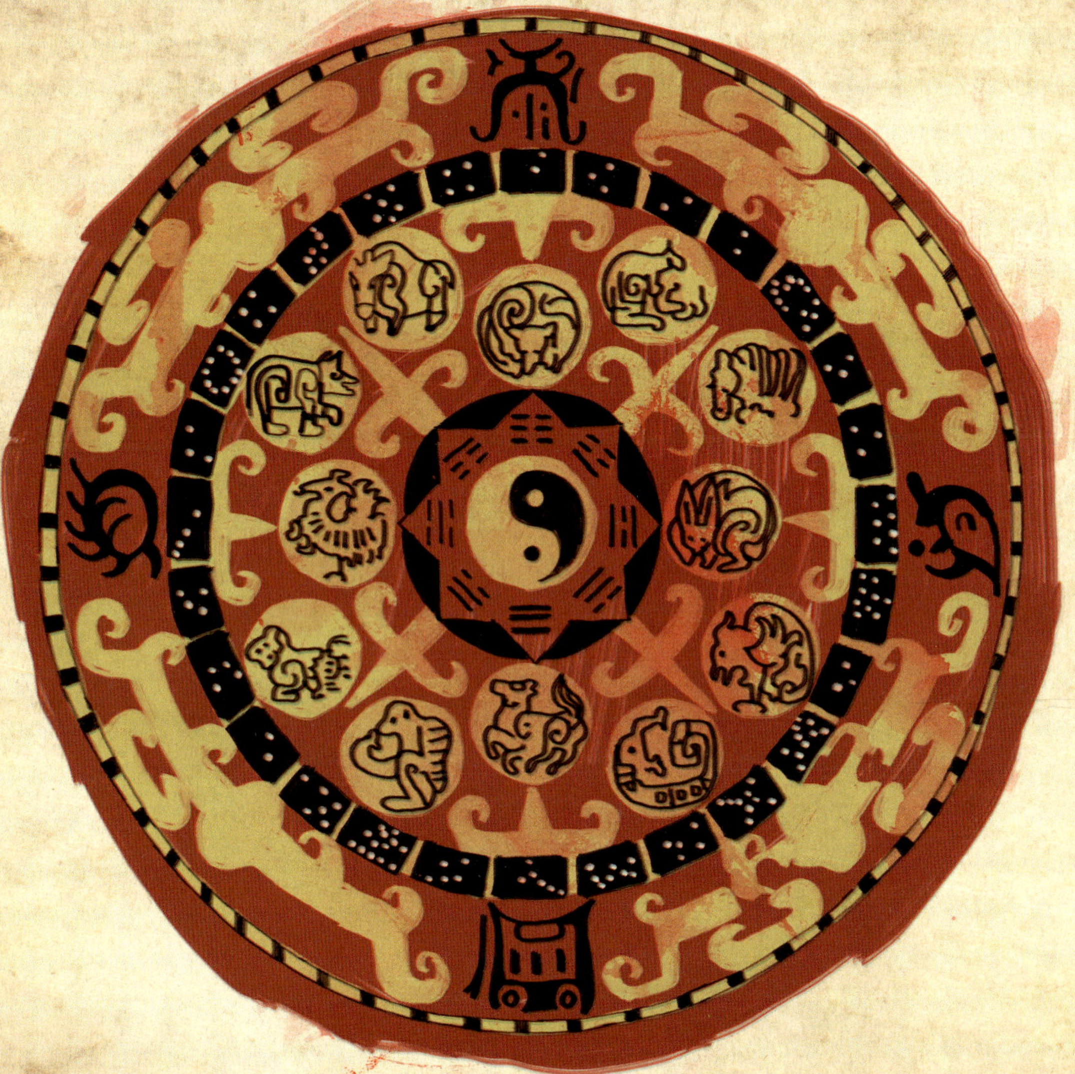

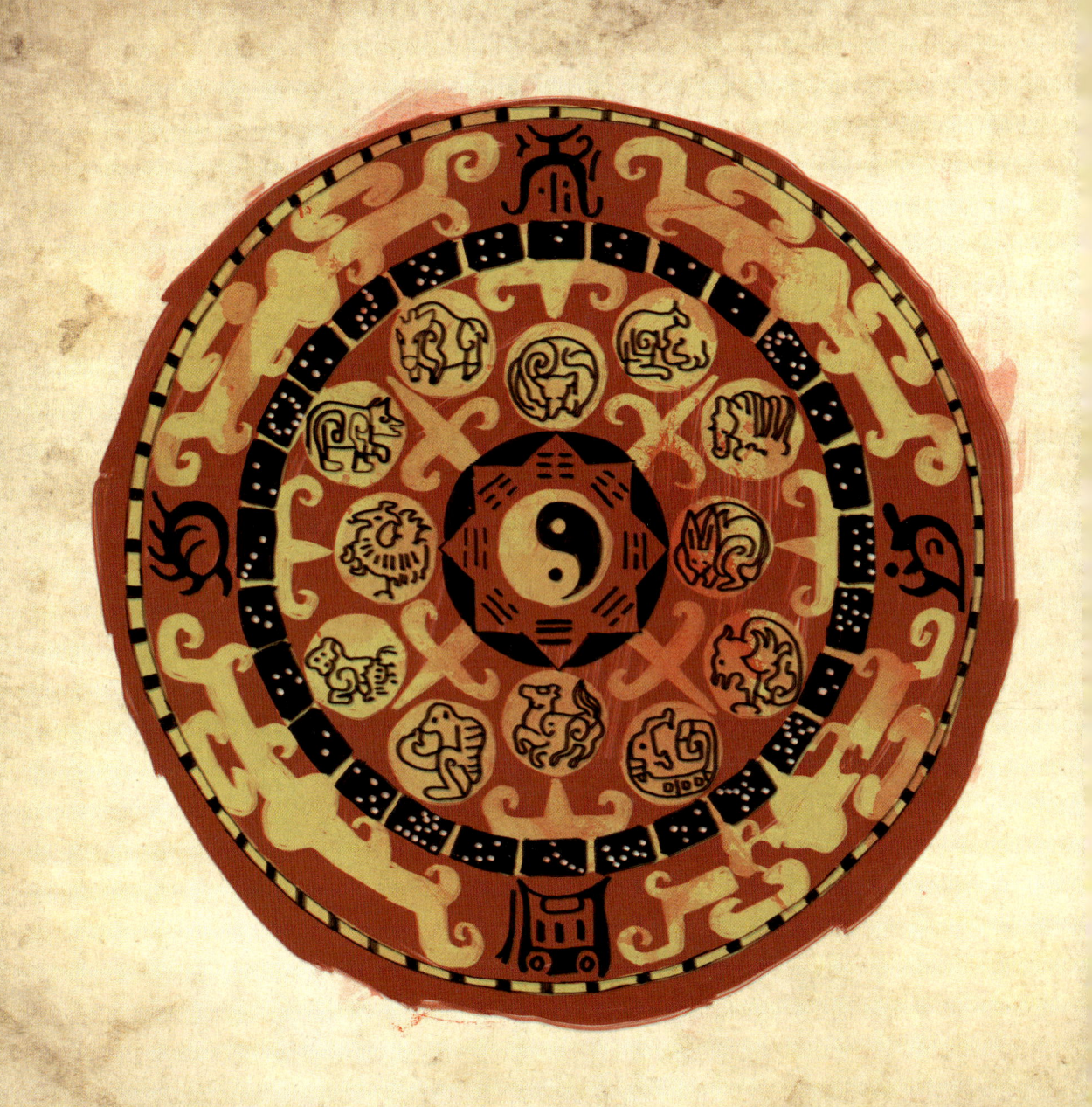

La lengua secreta del I Ching

La lengua del I Ching

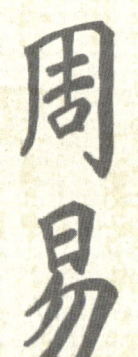

No existe un idioma tal, es verdad. Pero lo mismo diría del idioma del tarot, la lengua de la astrología o el lenguaje de la quiromancia, los posos del café... Al tratarse de sistemas con una estructura clara que podemos dominar como si fueran un idioma, considero práctico este tipo de acercamiento. No, no aprenderemos ningún tipo de gramática, ni aburrida ni divertida. Aunque, en cierto modo, se puede decir que aprenderemos letras, palabras y frases hasta poder escribir por nuestra cuenta. Porque puede ser interesante y divertido poder entender los símbolos del I Ching sin necesidad de ir corriendo a las interpretaciones que luego posibilitarían una comprensión más detallada.

Hablar una lengua supone también acercarse a una cultura y una forma de ver la vida. Esto siempre resulta enriquecedor porque nos aporta una visión diferente sobre nuestra realidad. De esta manera, quizá descubramos que aquello a lo que no dábamos importancia tiene su valor y viceversa. Es como irse de vacaciones a otro país. Por ejemplo, si viajamos a Italia y allí probamos una comida que nos encanta, al regresar a casa seguro que nos apetecerá prepararla. De esta manera, podemos organizar una cena diferente para nuestros amigos o familiares. Será una aportación especial de ese viaje. Si nos vamos a China, donde todo es tan diferente, seguro que algo nos llamará la atención. Si allí compramos un grabado o un adorno con forma de dragón, le daremos a un rincón de nuestra casa ese toque especial que no había tenido hasta entonces.

Ya sea la realidad de China o de Italia, no podremos evitar verla con los ojos de aquí. Pero de vuelta a casa, seguro que añoraremos alguna cosa de allí que nos ha gustado especialmente.

Éste es el tipo de experiencia que nos aporta el I Ching: la cena especial ya no tendrá los mismos platos, ni el rincón de nuestra casa, ni la visión que tenemos de nosotros mismos. Es probable que no se trate de grandes cambios, pero ¿quién sabe? Todo un mundo empieza simplemente con un pequeño paso.

Cada idioma refleja una manera de pensar y el I Ching no es un caso aparte.

Aprendiendo a hablar
en I Ching

Como decíamos anteriormente, hemos supuesto muy arbitrariamente que el I Ching puede ser una lengua. En este caso, he realizado una distribución personal simplemente para facilitar el aprendizaje.

El I Ching contiene:
- dos movimientos básicos y cambiantes: yin y yang
- ocho trigramas
- 64 hexagramas

Y a veces, dependiendo de los trazos yang y su ubicación, de un hexagrama puede nacer otro hexagrama.

Así, podemos hablar de dos vocales: una yin y la otra yang, una cerrada como la «i» y la otra abierta como la «a». Si las pronunciamos en voz alta nos daremos cuenta de sus características. Si las pronunciamos muy rápidamente notaremos cómo se funden la una con la otra. Son dos letras diferentes, pero pueden estar tan unidas que parecen una sola. Puede parecer que cada una contiene el sonido de la otra. Eso es exactamente lo que sucede con el yin y el yang.

En los trigramas encontramos las palabras básicas del I Ching: cielo, tierra, trueno, agua, montaña, viento, fuego y lago. A partir de la combinación de los trigramas, nacen los hexagramas. Y en los hexagramas observaremos que las palabras anteriores dan lugar a frases completas. Por ejemplo, el cielo sobre la tierra; un lago sobre la montaña; el cielo dentro del trueno; el viento en el abismo…

Lo que intentamos con este libro es que estas frases, además de hermosas, tengan un sentido para el lector.

> En los trigramas encontramos las palabras básicas del I Ching: cielo, tierra, trueno, agua, montaña, viento, fuego y lago. A partir de la combinación de los trigramas, nacen los hexagramas.

¿Cómo es la lengua del I Ching?

周易

Según el I Ching, el mundo está en constante movimiento, transformación y cambio. Tanto es así que también se le conoce como el Libro de las mutaciones o los cambios.

No podemos bañarnos más de dos veces en el mismo río: todo fluye y cambia en una mutación constante. Ya no somos los niños de antes, hay algo que se ha ido desarrollando, crecemos y cambiamos. En un continuo fluir, nos movemos entre grandes momentos de creatividad… y de rutina. Y al pasar entre ambos, es cuando atravesamos una crisis de mayor o menor envergadura. Pero, en realidad, cada estado contiene un germen del cambio. No nos quedamos en uno u otro, siempre pasamos a algo nuevo.

Todo órgano vivo cambia. Lo mismo sucede con la lengua del I Ching. Esta idea responde al principio del yin y el yang.

El yin y el yang

Observa atentamente el símbolo del yin y el yang. La forma blanca contiene un principio de color negro, mientras que la forma negra contiene un principio de forma blanca: son esencialmente cambiantes. Están en movimiento, ambas formas parecen muy concentradas en una especie de danza: la danza cósmica. Cada «bailarín» complementa al otro porque de lo contrario no habría ritmo.

Imagina ahora a ambos miembros de la pareja. Imagina que bailan un vals dando vueltas y más vueltas. Uno viste de blanco con un lazo negro, mientras que el otro viste de negro con un lazo blanco. La imagen da mucho juego, ¿verdad? Quizá mucho más que si ambos fueran vestidos del mismo color. Ocurre como en aquellas parejas en las que uno es más bien tranquilo y el otro movido. Lejos de ser incompatibles, son complementarios.

El yang es activo y movilizador, necesita hacer cosas, no parar. Es externo, así que no pretendas que practique meditación si no es en medio de la naturaleza y posiblemente caminando. Le interesa el mundo, le gusta progresar, es ambicioso, necesita superarse, ir hacia adelante, mira al futuro. Es de naturaleza cálida, le gusta organizar fiestas, reunir amigos, salir... Tiene tendencia a ver el aspecto luminoso de las cosas.

El yin es moderado, le gusta la tranquilidad y llegar a puntos medios. Es también concentrado, no se dispersa y le gusta llegar hasta el fondo de las cosas. Es más bien pasivo y necesita aceptar las cosas más que cambiarlas. Más emocional que relacional, es nutriente y generador de ideas, cuida de los demás.

- El yang es estimulante, movilizador, activo, ascendente y genera calor.
- El yin es moderado, concentrado, pasivo, hidratante y nutriente.
- El yin nutre para que el yang pueda salir al exterior.
- El yin hidrata cuando el yang está seco de calor.
- El yin calma pasivamente cuando el yang no puede parar de moverse.
- El yin concentra donde el yang es disperso.
- El yang mueve al yin, tan concentrado que está a punto de convertirse en piedra.
- El yang le da vida al lento yin.
- El yang da calor al frío yin.
- El yang saca a pasear al yin que se queda en casa.

Un cambio con límite absoluto

Ya sabemos que el I Ching es cambiante y que se mueve entre el blanco y el negro. Por lo tanto, podemos deducir que si nos habla de la felicidad, también nos hablará de la infelicidad. Pero no se quedará simplemente en esos dos polos. Nos contará qué pasos existen entre ambos y qué surge de sus combinaciones y cambios o mutaciones.

El sistema del I Ching cambia, pero no arbitrariamente. Incluso se han llevado a cabo interesantes estudios sobre el I Ching que han concluido que responde a un patrón matemático. Podemos, en efecto, establecer una estructura.

Cuando nos ponemos a estudiar un sistema, es interesante comenzar por una visión amplia de lo que nos ofrece. Es como si obtuviéramos una foto del I Ching. Podemos ver cómo es y qué parece para luego ponernos a conocerlo.

Una forma sencilla de describir la estructura general del I Ching es a través de los siguientes versos atribuidos a Confucio:

El cambio tiene un límite absoluto.
Éste produce dos modos.
Los dos modos producen cuatro formas.
Las cuatros formas producen ocho trigramas.
Los ochos trigramas determinan nuestra fortuna y nuestra fatalidad.

¿Qué es un trigrama? Un trigrama es un grupo de tres líneas, por ejemplo:

Aquí tenemos un grupo de tres líneas compuesto por dos líneas enteras y una quebrada. Efectivamente, en el sistema del I Ching nos encontramos con líneas quebradas (yin) y líneas enteras (yang).

Lo que nos dice Confucio en los versos anteriores es que:

1. El cambio no es infinito.
2. Produce dos modos (yin-yang).
3. A partir del yin (líneas quebradas) y del yang (líneas enteras) nacen ocho trigramas, cada uno con su propio significado. Los ocho trigramas del I Ching son:

Kien   Kun   Li   Kan

Dshen   Sun   Ken   Tui

Los ochos trigramas determinan nuestra fortuna y nuestra fatalidad. A partir de ellos se forman combinaciones en forma de hexagramas (grupo de seis líneas), que son los que contienen el consejo, sugerencia o pronóstico. Son un total de 64 hexagramas.

Como el I Ching descansa sobre el presupuesto del cambio, muchas veces se pueden ver los trigramas representados de la siguiente manera:

Gracias a dicho cambio, los trigramas pueden combinarse, pero no infinitamente. Recuerda lo que dijo Confucio: «El cambio tiene un límite absoluto».

En la siguiente ilustración podemos ver la combinación de los trigramas, así como la de las fuerzas yin (negro) y yang (blanco).

Práctica 1: Ideas nuevas e ideas de siempre

Volvamos al poema de Confucio, que explica la dinámica del I Ching:

El cambio tiene un límite absoluto.

Éste produce dos modos.

Los dos modos producen cuatro formas.

Las cuatros formas producen ocho trigramas.

Los ochos trigramas determinan nuestra fortuna y nuestra fatalidad.

Ejercicio 1:
Lee con atención el poema de Confucio. ¿Recuerdas qué significa?
 a) Del uno nacen dos, del dos nacen cuatro, del cuatro nacen ocho y los ocho lo determinan todo.
 b) Del infinito nacen dos formas que dan lugar a nuestro destino.
 c) Del cambio nacen dos maneras que generan cuatro formas a partir de las cuales se originan ocho símbolos que pueden explicar nuestra fortuna y nuestros infortunios.

Solución:
Respuesta C.
¿Por qué?
a) No lo determinan todo, sino que lo explican. Quienes determinamos somos nosotros junto al universo del cual proviene todo.
b) No se trata tanto del infinito sino del cambio. De él nacen dos modos y de ellos nacen dos formas.

Las vocales del I Ching:
yin y yang

Repasemos brevemente lo que sabemos hasta ahora sobre estas dos fuerzas:
1. Provienen del cambio.
2. Son dos modos.
3. Son complementarias.
4. Cada una de ellas contiene el germen de la otra. Nada es puro, todo cambia.

En Occidente aprendemos que una persona es de una manera… o de otra. Pero para el I Ching no se trata de personas, sino de aspectos del cambio. Según esto, jamás podríamos afirmar que Pepi es diplomática y que eso le ayuda a conseguir buenos resultados; ni tampoco que como Ramón es agresivo, eso le impide obtener resultados. El I Ching nos enseña que a veces conviene ser diplomático y que otras conviene ser agresivo. Puede que una persona sea más yang que yin, pero ese desequilibrio será de la misma magnitud en el caso contrario, es decir, cuando sea más yin que yang. En resumen, a veces es necesario aplicarnos al ejercicio de la fuerza yang y otras, al de la fuerza yin.

El I Ching se refiere a la fuerza yang como la «personalidad grande». No por su fuerza o su grandeza, sino porque actúa con grandes movimientos y en el exterior. Se caracteriza porque impulsa a concentrar nuestra fuerza en una idea y a actuar según nuestro objetivo. Un ejemplo de fuerza yang: aquella persona que se propone algo y va a por ello sin perder de vista lo que desea. La fuerza yang conduce a acumular poder e influencia para luego ayudar y proteger a los demás.

En cambio, el yin se denomina «fuerza domesticadora de lo pequeño». Nos impulsa a ser flexibles y a adaptarnos a las situaciones. Esta manera de actuar nos lleva a esperar, a dejar que las cosas pasen. Al igual que el agua, la fuerza yin nos permite acomodarnos al recipiente donde nos encontremos sin cambiar nuestra esencia, aunque sí nuestra forma.
Lo veremos más claro en el siguiente ejemplo.

Pregunta al I Ching sobre la manera de actuar en una situación determinada (en el trabajo, con tu pareja, con algo que te preocupa…).

Imagina que aparece el trigrama Dshen, donde los trazos yin (líneas quebradas) son mayoría.

Dshen

líneas yin
líneas yang

Esta supremacía de yin con un toque de yang nos dará la respuesta a nuestra pregunta: necesitamos diplomacia, adaptarnos a la situación y un toque de fuerza. No se trata de una situación donde hayamos de adaptarnos por completo, sino que con delicadeza y mucha mano izquierda hemos de hacer que nos escuchen; hemos de mantener nuestro objetivo con delicadeza.

Teniendo en cuenta lo anterior, es fácil comprender por qué el hexagrama Kun también se llama «lo receptivo».

Kun   Kien

Y en cambio al hexagrama Kien se le conoce como «lo creativo».

Siente la fuerza yin-yang

Las vocales abiertas o yang son: a, e, o. Mientras que las vocales cerradas son: i, u. Prueba a combinar una de cada y pronunciarlas muy rápido para sentir la fuerza primaria del yin y el yang.

Las características esenciales de uno y otro pueden enumerarse tal como lo hacemos a continuación:

Yang	Yin
Alto	Bajo
Creativo	Receptivo
Movimiento	Quietud
Firme	Blando
Luminoso	Oscuro
Dirige	Nutre
Masculino	Femenino
Fácil	Simple
Expansión	Contracción
Sube	Baja
Calor	Frío
Seco	Húmedo
Sol	Luna
Cielo	Tierra
Energía	Materia
Dar	Recibir
Activo	Pasivo
Blanco	Negro
Duro	Blando
Fuego	Agua

Práctica 2: los sonidos del I Ching

Ejercicio A:

Relaciona las siguientes palabras con cada fuerza y colócalas en el espacio yin y yang que les corresponda. No se trata de un examen, sino de una práctica para recordar y comprender todo lo que has estado leyendo hasta ahora.

Alto Creativo Movimiento Duro Firme Contracción Masculino
Bajo Fácil Sol Húmedo Blando Luna Dar Femenino Baja
Oscuro Blanco Quietud Calor Nutre Dirige Sube Receptivo
Expansión Activo Energía Seco Simple Luminoso Fuego Cielo Frío

Ejercicio B:

Observa el hexagrama y decide si la afirmación que lo acompaña es correcta o no.

1. Quizá convenga no insistir mucho y dejarse llevar por la corriente. Seamos discretos, misteriosos y aceptemos las cosas tal como vienen.

2. Conviene que seamos reservados, no mostremos nuestros sentimientos y aceptemos lo que nos digan. Por más que nos pidan cambiar de actitud, no lo haremos.

3. Lo mejor es mostrar nuestros sentimientos, ser muy creativos y expansivos.

Solución:
1. FALSO. La mayoría de los trazos son yang. Conviene expresar lo que pensamos, ser firmes y claros, pero sin caer en la rudeza.
2. CORRECTO. Podría ser una de las interpretaciones. Conviene una buena dosis de firmeza y la misma cantidad de dulzura y aceptación.
3. FALSO. La mayoría de los trazos son yin. Hemos de mantenernos diplomáticos, reservados y tranquilos con un pequeño toque de yang que nos llevará a mantenernos en nuestro propósito.

Mis primeras palabras del I Ching

Aquí tienes los ocho trigramas del I Ching:

Cielo

Agua

Viento

Montaña

Tierra

Trueno

Fuego

Lago

Kien, cielo
La fuerza
Es dinámico, inagotable, cambiante e implacable. Lo creativo, fuerte y poderoso.
Es el padre, el que dirige y condiciona.
Aporta alegría profunda y duradera.
Luminoso y firme.
Elemento: metal.

Kun, tierra
Lo receptivo
Es muy interior y desde allí ofrece todo lo que tiene sin hacer ruido.
Lo receptivo, sirve, da luz, inspira.
Es la madre, nutre, protege y conserva.
Fértil, extenso, sin preferencias.
Elemento: tierra.

Li, fuego
El resplandor
Es la conciencia. Ver y comprender para articular ideas y objetivos.
Hija del medio, fuego, calor, sequedad.
Sol, rayo, luz, armas.
Elemento: fuego.

Kan, agua
El abismo
Como el agua, cae colmando las cavidades que encuentra en su camino y sigue adelante. Imposible de detener. Ayuda a superar los obstáculos dando coraje.
Lo abismal, peligroso.
Hijo del medio, esfuerzo, sangre.
Engaño, sigilo, emboscada, humedad.
Elemento: agua.

Dshen, trueno
La sacudida
Despierta, entusiasma y perturba. Remueve las cosas y las hace salir de su escondite. Despierta la energía dormida. Lo suscitativo, movimiento.
Hijo mayor, primavera, germinar.
Prepara el terreno para lo nuevo. Crecimiento, el comienzo.
Elemento: madera.

Sun, viento
La penetración
Es sutil, hermoso, amable, suave, penetrante. Está asociado al matrimonio y reina sobre la nueva casa.
Hija mayor. Difunde, se extiende.
Disolución, desarrollo.
Elemento: madera.

Ken, montaña
El límite
Sutil, hermoso y amable. Conduce hacia la madurez.
El aquietamiento, detenerse.
Hija mayor. Puerta, mediación.
Se introduce en el corazón, cura, ampara conduciendo cada cosa a su destino. Protege y vigila, resistencia, retener.
Elemento: tierra.

Tui, lago
La apertura
El agua al aire libre, los vapores y la niebla. Ofrece ánimo, relaciones prometedoras, liberación de las trabas por disolución. Estimulante. Alegra todas las cosas que lo reciben bien. Lo sereno, alegría.
Hija menor. Habla, lengua. El otoño.
Elemento: metal.

Ken, montaña. El límite. Sutil, hermoso y amable. Conduce hacia la madurez. El aquitamiento, detenerse. Hija mayor. Puerta, mediación. Se introduce en el corazón, cura, ampara conduciendo cada cosa a su destino.

Práctica 3: Palabras del I Ching

Ejercicio A:

Relaciona cada trigrama con su nombre.

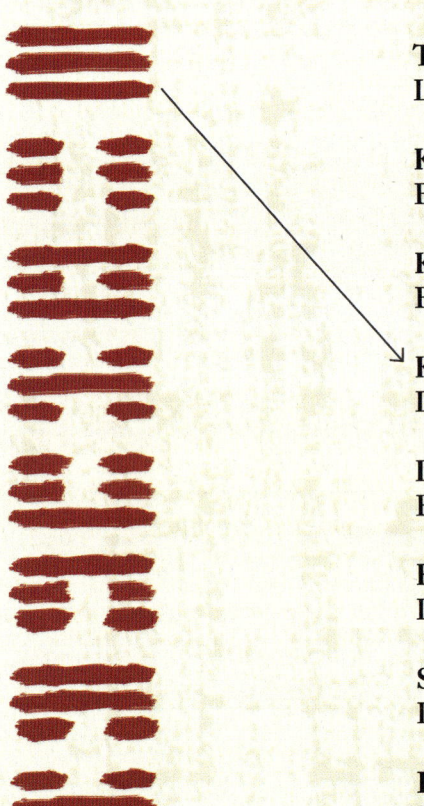

Tui, lago
La apertura

Ken, montaña
El límite

Kan, agua
El abismo

Kun, tierra
Lo receptivo

Li, fuego
El resplandor

Kien, cielo
La fuerza

Sun, viento
La apertura

Dshen, trueno
La sacudida

Ejercicio B:

Dibuja el trigrama que falta

1

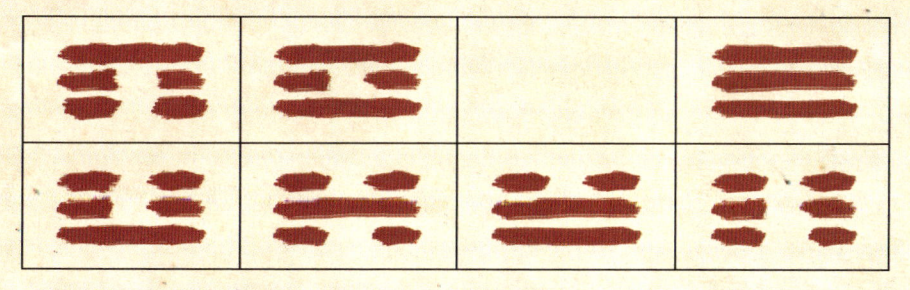

2

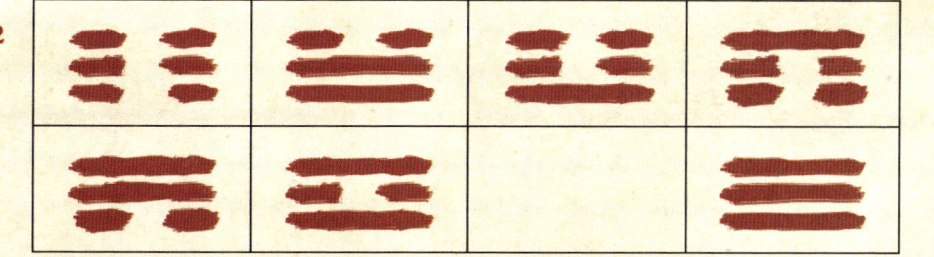

Solución: 1. ☷ 3. ☶ 2. ☵ 4. ☰

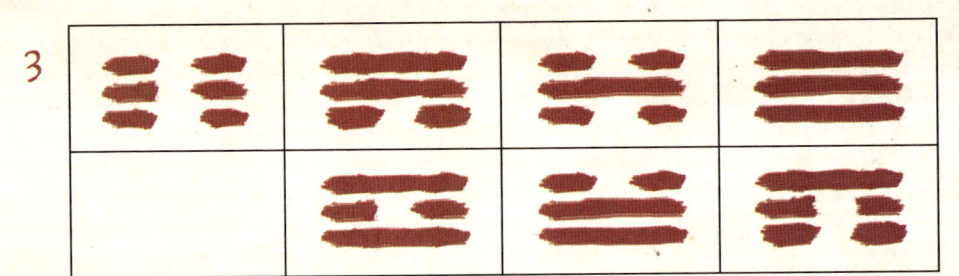

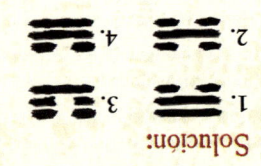

Ejercicio C:

Completa las descripciones, tal y como señalamos en el siguiente ejemplo. Recuerda que no se trata de un test para comprobar cuánto sabes, sino de una ayuda para el estudio más profundo de los trigramas. Puedes utilizar como guía la descripción anterior de los trigramas.

Ejemplo

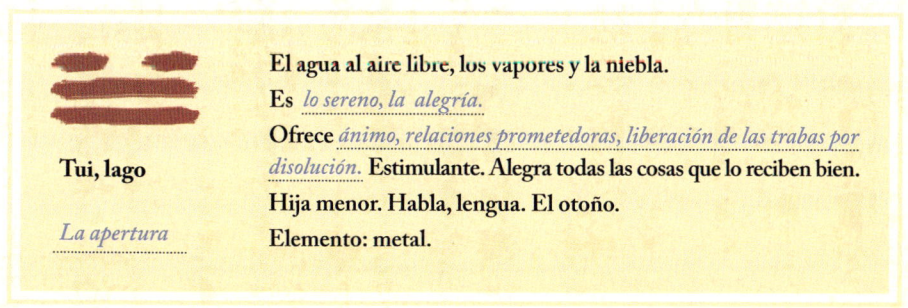

Tui, lago *La apertura*	El agua al aire libre, los vapores y la niebla. Es *lo sereno, la alegría*. Ofrece *ánimo, relaciones prometedoras, liberación de las trabas por disolución*. Estimulante. Alegra todas las cosas que lo reciben bien. Hija menor. Habla, lengua. El otoño. Elemento: metal.

Completa los siguientes ejemplos:

Tui, lago	El agua al aire libre, los vapores y la niebla. Es .... Ofrece .... Estimulante. Alegra todas las cosas que lo reciben bien. Hija menor. Habla, lengua. El otoño. Elemento: metal.

Sun, viento

Es ....
Está .... y
reina ....
Hija mayor. Difunde, se extiende.
Disolución, desarrollo.
Elemento: madera.

Ken, montaña

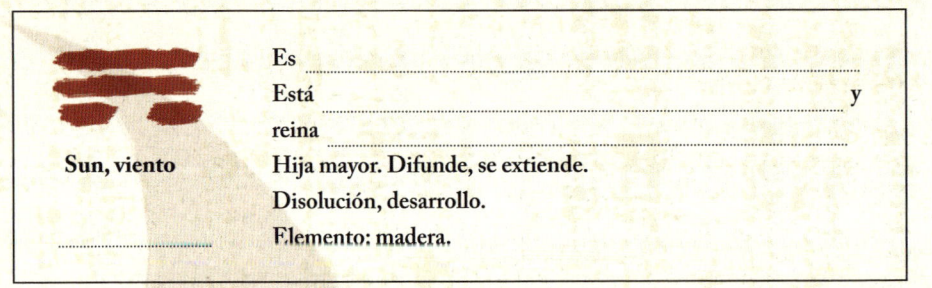

Sutil, hermoso y amable. Conduce ....
El aquietamiento, detenerse.
Hija mayor. Puerta, mediación.
Se mete .... cura, ampara conduciendo ....
Protege y vigila, resistencia, retener.
Elemento: tierra.

Dshen, trueno

Despierta, entusiasma y perturba.
Remueve ....
Despierta ....
Lo que suscita, movimiento.
Hijo mayor, primavera, germinar.
Prepara ....
...., el comienzo.
Elemento: madera.

Kan, agua	Como el agua .... y .... Imposible de detener. Ayuda a .... Lo abismal, peligroso. Hijo del medio, esfuerzo, sangre. Engaño, sigilo, emboscada, humedad. Elemento: agua.	
Li, fuego	Es .... Ver y comprender para .... Hija del medio, fuego, calor, sequedad. Sol, rayo, luz, armas. Elemento: fuego.	
Kun, tierra	Es .... Lo receptivo, sirve, da luz, inspira. Es la madre, ... Fértil, extenso, sin preferencias. Elemento: tierra	
Kien, cielo	Es .... Lo creativo, fuerte y poderoso. Es el padre, el que dirige y condiciona. Aporta .... Duración, luminoso y firme. Elemento: metal.	

Vocabulario básico
del I Ching

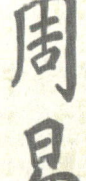

周易

Ahora que ya conocemos los significados individuales de los trigramas, pasaremos a aprender su asociación para formar un hexagrama. Ten en cuenta que no lo hacen arbitrariamente. Al tirar las monedas seis veces, dibujamos las líneas que reflejan el valor de cada tirada de abajo hacia arriba, desde el primero hasta el sexto puesto.

Las líneas del hexagrama se dibujan de la siguiente manera:

6
5
4
3
2
1

La relación entre el trigrama interior y el exterior muestra la relación dinámica entre nuestro interior y las circunstancias que nos rodean.

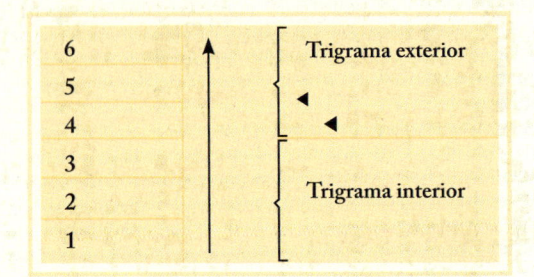

6
5   } Trigrama exterior
4
3
2   } Trigrama interior
1

Las tres primeras líneas (1, 2 y 3) forman el trigrama interior. Las tres siguientes (líneas 4, 5 y 6) forman el trigrama exterior.

Ahí van algunos ejemplos:

Ejemplo 1

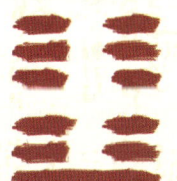

Primero hemos obtenido el trigrama Dshen, el trueno. Y a continuación, el trigrama Kun. Ambos forman el hexagrama 24 o Fu, el retorno. Aún no hemos leído lo que el I Ching nos propone para este hexagrama, pero aún así podemos deducir bastante información.

Sea la pregunta que sea, sabemos que nos conviene adoptar una actitud yin, suave, diplomática. No es el momento de imponer nuestra decisión mediante acciones sino de hacerlo de manera pasiva y aceptando.

También sabemos que entre nuestro interior y nuestro exterior no hay gran diferencia. Parece que se trata de un hexagrama que crece hacia arriba, a partir de una firme línea yang. Podemos contar con una decisión interior que se expande hacia fuera y encuentra una fuerza receptiva. Parece que quienes tengan que escucharnos estarán receptivos. Continuemos. Abajo tenemos Dshen, el trueno y arriba, Kun. ¿Qué sabemos sobre estos trigramas? Repasemos sus características tal y como se describían en la sección anterior.

Dshen, trueno
La sacudida
Despierta, entusiasma y perturba. Remueve las cosas y las hace salir de su escondite. Despierta la energía dormida. Lo que suscita, movimiento.
Hijo mayor, primavera, germinar.
Prepara el terreno para lo nuevo. Crecimiento, el comienzo.
Elemento madera.

Kun, tierra
Lo receptivo
Es muy interior y de allí ofrece todo lo que tiene sin hacer ruido. Lo receptivo, sirve, da luz, inspira.
Es la madre, nutre, protege y conserva.
Fértil, extenso, sin preferencias.
Elemento tierra.

A partir de la descripción de los trigramas, es posible que algo nos haya impactado de tal forma en nuestro interior y esté produciendo cierto tipo de comportamiento. Puede que tras un periodo de reflexión hayamos logrado entender algo de golpe. Algo nos ha despertado, hemos visto una luz. ¿Sacaremos nuestras espadas para divulgar nuestra idea, nuestra conclusión? ¿Llamaremos a quien tengamos que comunicar lo que hayamos entendido? ¿Lo cambiaremos todo? No, de ninguna manera. Porque en el exterior tenemos a Kun que nos indica que la sonrisa, la diplomacia, la dulzura y la mano izquierda son nuestra mejor arma.

Ya podemos leer un hexagrama. Para más detalles es importante recurrir al libro del I Ching (que para eso existe, precisamente).

> A partir de la descripción de los trigramas, es posible que algo nos haya impactado de tal forma en nuestro interior y esté produciendo cierto tipo de comportamiento. Puede que tras un periodo de reflexión hayamos logrado entender algo de golpe.

Ejemplo 2

Primero hemos obtenido Sun, el viento. Se trata de nuestro trigrama interior. Y luego, Ken, la montaña, que es nuestro trigrama exterior. Para empezar hay un claro empate entre las líneas yin y yang. Además, en el trigrama inferior hay una gran fuerza yang que empuja. En el exterior parece que nos reciben con los brazos abiertos con esas dos líneas yin pero luego, de repente, aparece una línea yang con la que no contábamos. Parece una situación fácil de imaginar. Nos hemos levantado con ganas de algo, quizá de invitar a alguien a cenar. Nos parece bien. Y las líneas yang nos cuentan que definitivamente sí que le llamaremos para invitarle a cenar. Llamamos enseguida porque yang impulsa a la acción. La primera respuesta que obtenemos es abierta, lo cual nos da pie a imaginarnos que la cena se acabará celebrando. Pasan las horas. No hemos recibido confirmación. Volvemos a llamar pero no obtenemos una respuesta clara.

A las 19:30 todavía no sabemos nada. La cena nos hacía mucha ilusión y ya hemos comprado todo. Nuestro yang interior nos impulsa a saber qué pasa en ese mismo momento. Volvemos a llamar y resulta que no, que no hay cena ni parece que la habrá. Por dentro estaremos más furiosos que tranquilos: lo sabemos por las líneas yang. Antes de continuar, repasemos lo que sabemos sobre los trigramas que conforman este hexagrama.

Ken, montaña
El límite
Sutil, hermoso y amable. Conduce hacia la madurez. El aquietamiento, detenerse.
Hija mayor. Puerta, mediación.
Se mete en el corazón, cura, ampara conduciendo cada cosa a su destino.
Protege y vigila, resistencia, retener.
Elemento tierra.

Sun, viento
La penetración
Es sutil, hermoso, amable, suave, penetrante. Está asociado al matrimonio y reina sobre la nueva casa.
Hija mayor. Difunde, se extiende.
Disolución, desarrollo.
Elemento madera.

Siguiendo con el ejemplo que nos ocupa, parece que por la mañana estábamos tan contentos. Nos sentíamos ligeros, serenos y con ganas de abrazar a alguien. Pero esa persona nos ha presentado su resistencia de manera suave y sin asperezas. No ha habido discusión a pesar de los fuertes trazos yang. Ha sido una desilusión, nada más y nada menos; pero no ha conducido a consecuencias de mayor envergadura. Lo mejor será esperar un poco y, cuando sea posible, organizar otra cena.

Tras nuestro análisis, sería bueno consultar el I Ching y leer la respuesta que nos da sobre el hexagrama obtenido (el 18, también conocido como «el trabajo»).

Práctica 4: Mis primeras frases en I Ching

Ejercicio A:

Partiendo del siguiente cuadro, dibuja las frases que te proponemos más adelante:

Kien, cielo
La fuerza

Kun, tierra
Lo receptivo

Li, fuego
El resplandor

Kan, agua
El abismo

Dshen, trueno
La sacudida

Sun, viento
La penetración

Ken, montaña
El límite

Tui, lago
La apertura

Déjate guiar por el cuadro anterior y dibuja el hexagrama que corresponde a cada frase o reflexión:

Ejemplos:

1. El abismo del límite	
2. El límite sobre la sacudida	
3. La fuerza de lo receptivo	

Frases:

1. La sacudida del resplandor	
2. La apertura del límite	

3. La fuerza de lo receptivo	
4. El límite del abismo	
5. El trueno sobre el lago	
6. El resplandor del trueno	
7. La sacudida sobre el abismo	
8. La penetración de la fuerza	

Solución:

1. La sacudida del resplandor		5. El trueno sobre el lago	
2. La apertura del límite		6. El resplandor del trueno	
3. La fuerza de lo receptivo		7. La sacudida sobre el abismo	
4. El límite del abismo		8. La penetración de la fuerza	

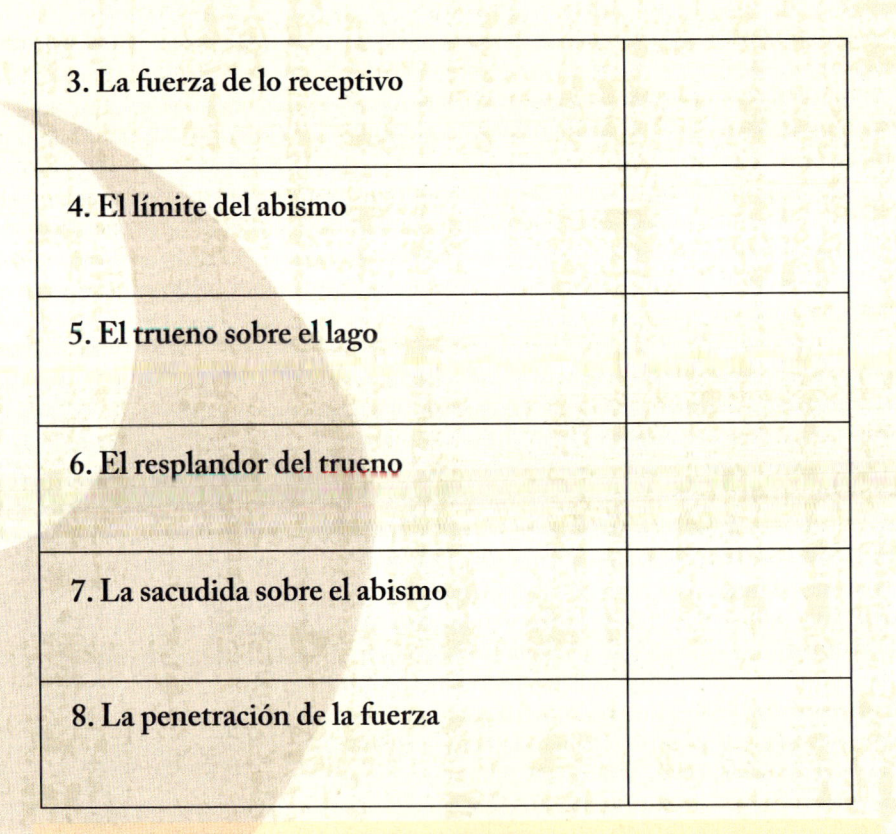

Ejercicio B:

Ahora lo haremos a la inversa. Relaciona cada hexagrama con la frase que le corresponde:

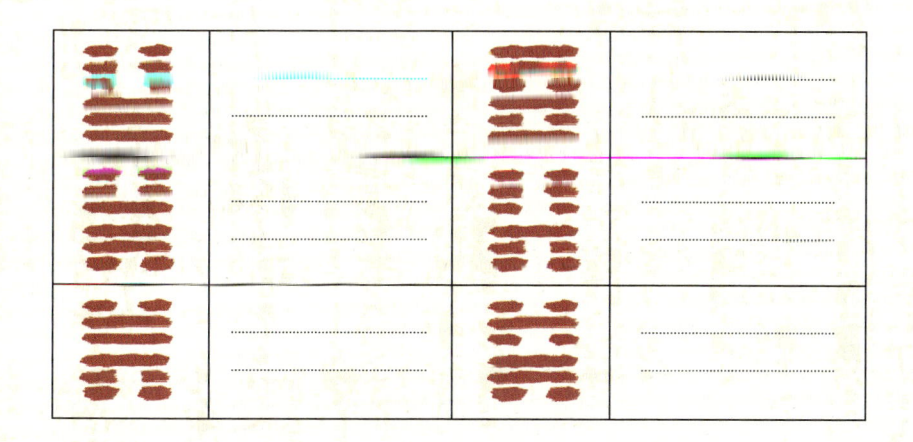

	....		....
	....		....
	....		....

Solución:

1. Lo receptivo de la fuerza
2. La sacudida del viento
3. La tierra del límite
6. El viento del fuego
7. El lago sobre la montaña
8. El abismo del viento

Las palabras
cambian

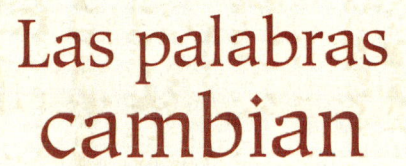

Llegamos al apartado más extenso del libro. No por la cantidad de información que vayamos a manejar, sino porque para explicarla de forma satisfactoria necesitaremos desarrollar las ideas de manera más amplia. Como verás, consta de dos partes. La práctica reflejará cada una de ellas. Tú eliges si quieres hacer los ejercicios después de cada parte o si prefieres hacerlo todo junto al final.

Para entender y poder utilizar los trigramas, nos detendremos en dos puntos importantes:

1. La mutación del trigrama: débil y fuerte.
2. El núcleo o posibilidad oculta.

Ya sabemos cómo interpretar las dos partes de un hexagrama y cómo relacionar los trigramas que lo conforman. Ahora vayamos a otra de las características básicas del I Ching: las mutaciones.

Cuando en el primer hexagrama obtenemos un valor de 6 o 9, estamos obteniendo un viejo yin y un viejo yang, respectivamente.

6= viejo yin	___ ___
9= viejo yang	_____

Ambos valores son los que se transforman, cambian o mutan para morir y rejuvenecer. Así, el viejo yang se tranforma en un joven yin; y el viejo yin, a su vez, se transforma en un joven yang.

6= viejo yin ___ ___	se transforma en	7= joven yang	_____
9= viejo yang _____	se transforma en	8= joven yin	___ ___

Observémoslo en una tirada.

Sabemos que los números pares son yin y que se representan con una línea cortada. Por otra parte, los números impares son yang y se dibujan con una línea continua.

Orden	Valor obtenido	Dibujo	Transformación	Dibujo resultante
6ª	7	————	Permanece igual, no cambia	————
5ª	6	—— ——	El viejo yin se transforma en joven yang	————
4ª	8	—— ——	Permanece igual, no cambia	—— ——
3ª	9	————	El viejo yang se transforma en joven yin	—— ——
2ª	8	—— ——	Permanece igual, no cambia	—— ——
1ª	7	————	Permanece igual, no cambia	————

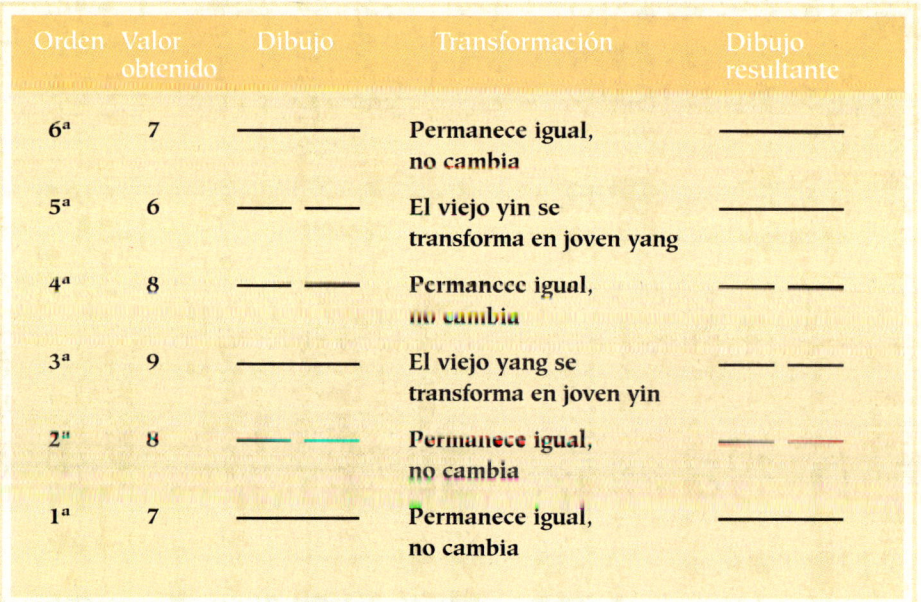

Así muchas veces obtenemos dos trigramas. Al primero lo llamamos «primario» y al segundo, «resultante». La información que nos aporta es la situación de la que venimos y en qué se desarrolla. No siempre se trata de una causa y un efecto, sino que podemos ver hacia dónde nos conducen los pasos que ya estamos dando.

Cuando no hay mutación significa que la situación es tal cual está y que su resolución depende aún más de nosotros. No todas las preguntas generan hexagramas con mutaciones.

Sigamos con otro ejemplo.
Tiramos las monedas y obtenemos los siguientes valores:

Orden	Monedas	Valor	Hexagrama resultante
6º	Cruz + cruz + cruz 3 + 3 + 3	9 Línea yang viejo	———
5º	Cruz + cruz + cruz 3 + 3 + 3	9 Línea yang viejo	———
4º	Cruz + cara + cara 3 + 2 + 2	7	———
3º	Cruz + cruz + cara 3 + 3 + 2	8	—— ——
2º	Cara + cruz + cara 2 + 3 + 2	7	———
1º	Cara + cara + cara 2 + 2 + 2	6 Línea yin viejo	—— ——

Nuestro hexagrama es:

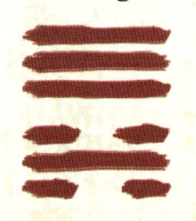

que se transforma en

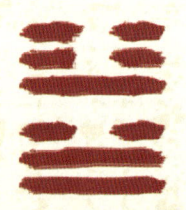

Si tenemos en cuenta los trigramas de cada uno de los hexagramas, podemos observar lo siguiente:

Trigrama exterior:
Kien, el cielo
En el exterior, lo creativo

Trigrama exterior:
Dshen, el trueno

Trigrama interior:
Kan, el abismo
En el interior, peligro

Trigrama interior:
Tui, el lago

Hemos pasado de lo creativo sobre lo abismal, al trueno sobre el lago. De entrada, parece una mejoría. Si componemos la frase que nos proporcionan los dos trigramas, podremos deducir si el cambio es hacia algo más ligero o más pesado, si vamos hacia mejor o peor, si de la oscuridad llegamos a la luz.

Luego buscaremos en el Libro del I Ching el significado para el primer hexagrama, que es el ejército, número 7 con las mutaciones pertinentes: seis en primer puesto; nueve en el quinto puesto y nueve en el sexto puesto.

Después leeremos acerca del segundo hexagrama, el resultante, que es el número 54, la muchacha que se casa. En dichas lecturas podremos apreciar con mayor profundidad los diferentes aspectos de la situación en la que nos encontramos.

Finalmente llegamos al núcleo o posibilidad oculta. Hasta ahora hemos visto cómo se relacionan las dos partes de un hexagrama y cómo se transforma. Ahora verificaremos qué es lo que aparentemente no se ve del hexagrama, cómo late interiormente.

Observemos el siguiente hexagrama:

```
6  ─────────
5  ───  ───
4  ─────────
3  ─────────
2  ─────────
1  ───  ───
```

De él tomaremos dos partes:
las líneas de las posiciones 2, 3 y 4 para el núcleo interior
las líneas de las posiciones 3, 4 y 5 para el núcleo exterior
De la siguiente manera:

```
              6  ━━━━━━
              5  ━━  ━━
Núcleo exterior ⋯ 4  ━━━━━━
              3  ━━━━━━ ⋯ Núcleo interior
              2  ━━  ━━
              1  ━━  ━━
```

Obtenemos lo siguiente:

```
6  ━━  ━━
5  ━━  ━━  Núcleo exterior
4  ━━━━━━
3  ━━━━━━
2  ━━━━━━  Núcleo interior
1  ━━━━━━
```

Hexagrama original 18 El trabajo en lo echado a perder	Núcleo 54 La muchacha que se casa
6 ━━━━━━	6 ━━ ━━
5 ━━ ━━	5 ━━ ━━
4 ━━━━━━	4 ━━━━━━
3 ━━━━━━	3 ━━ ━━
2 ━━ ━━	2 ━━━━━━
1 ━━ ━━	1 ━━━━━━

Ahora sabemos que no todo está perdido, si bien el trabajo ha sido en vano porque el núcleo nos promete una posibilidad de compromiso y afianzamiento. Aunque hemos perdido una batalla, todavía queda mucho por decir en esta situación con un claro potencial de resolución satisfactoria.

Práctica 5: Entender los cambios

Ejercicio A:

Dibuja el hexagrama resultante:

Hexagrama primario	Hexagrama resultante
1.a ─── ─── 6 ───────── 7 ───────── 8 ─── ─── 6 ─── ─── 6 ─── ─── 8	1.b
2.a ───────── 7 ─── ─── 8 ─── ─── 8 ─── ─── 8 ───────── 9 ───────── 9	2.b

Hexagrama primario	Hexagrama resultante
3.a ─── 9 ─── 8 ─── 8 ─── 6 ─── 7 ─── 7	3.b
4.a ─ ─ 6 ─── 9 ─── 7 ─ ─ 8 ─ ─ 6 ─── 7	4.b

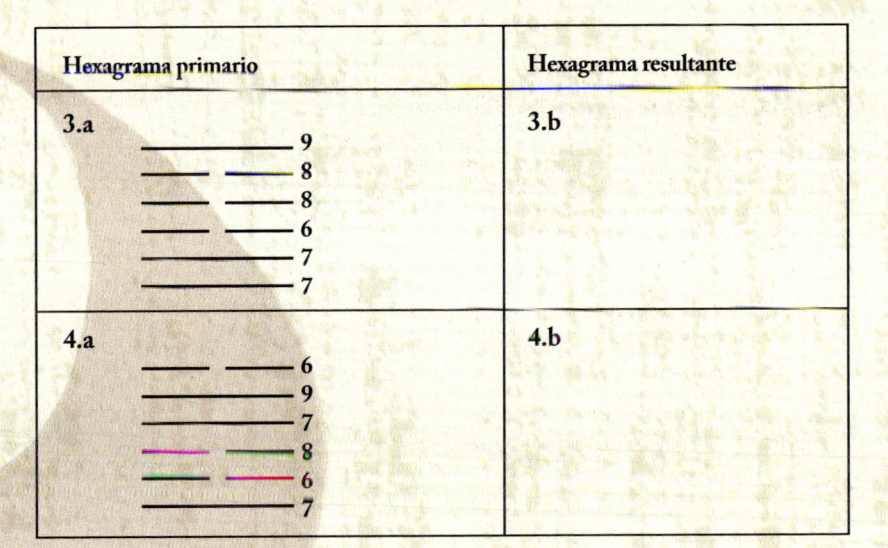

Solución:

Hexagrama resultante 1.b	Hexagrama resultante 2.b
3.b	4.b

Ejercicio B:

Completa la parte que falta del núcleo:

Hexagrama primario	Núcleo
1.a	1.b
2.a	2.b
3.a	3.b
4.a	4.b

Solución:

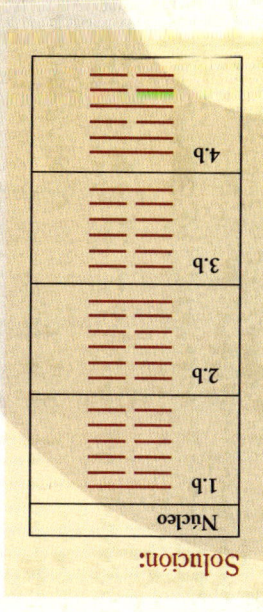

Núcleo
1.b
2.b
3.b
4.b

Práctica 6: Repaso

Ejercicio A:

Señala si las premisas que señalamos a continuación son verdaderas o falsas:

1. Los hexagramas resultan de la superposición de dos trigramas.
2. Al tirar las monedas vamos marcando sus valores en forma de líneas desde el sexto puesto hasta el primero. Siempre de arriba hacia abajo.
3. La unión de dos trigramas nos da una frase que, a su vez, es la explicación del hexagrama resultante.
4. Cuando obtenemos un valor equivalente a 6 o 9, esa línea se transformará.
5. El valor de 6 es una línea yang, conocida como viejo yang.
6. El valor de 9 se representa con una línea continuada. Su transformación es una línea yin joven.
7. Todos los hexagramas primarios se transforman.
8. Un hexagrama primario ilustra la situación en la que nos encontramos y de dónde estamos viniendo. El hexagrama resultante nos muestra la evolución de dichos pasos.
9. Todos los hexagramas tienen un núcleo.

10. Cuando tiramos las monedas, la cara tiene un valor de 2. El valor de la cruz es 3. La suma de las tres monedas nos dará el valor de la línea.

Solución:

1. FALSO. Los hexagramas resultan de la unión de dos trigramas.
2. FALSO. Al tirar las monedas vamos marcando sus valores en forma de líneas, desde el primer puesto hasta el sexto. Siempre de abajo hacia arriba.
3. FALSO. La unión de dos trigramas nos da una frase que ilustra y muestra el significado del hexagrama resultante. Para saber el significado hay que consultar el Libro del I Ching.
4. VERDADERO. Cuando obtenemos un valor equivalente a 6 o 9, esa línea se transformará.
5. FALSO. El valor de 6 es una línea yin, conocida como viejo yin.
6. VERDADERO. El valor de 9 se representa con una línea continuada. Su transformación es una línea yin joven.
7. FALSO. No todos los hexagramas primarios se transforman.
8. VERDADERO. Un hexagrama primario ilustra la situación en la que nos encontramos, y de dónde venimos. El hexagrama resultante nos muestra la evolución de dichos pasos.
9. VERDADERO. Todos los hexagramas tienen un núcleo.
10. VERDADERO. Cuando tiramos las monedas la cara tiene un valor de 2, y la cruz, de 3. La suma de las tres monedas nos dará el valor de la línea.

Ejercicio B:

A continuación te presentamos los valores obtenidos. Dibuja el hexagrama, la frase que lo ilustra, su núcleo y las mutaciones (en el caso de que las haya).

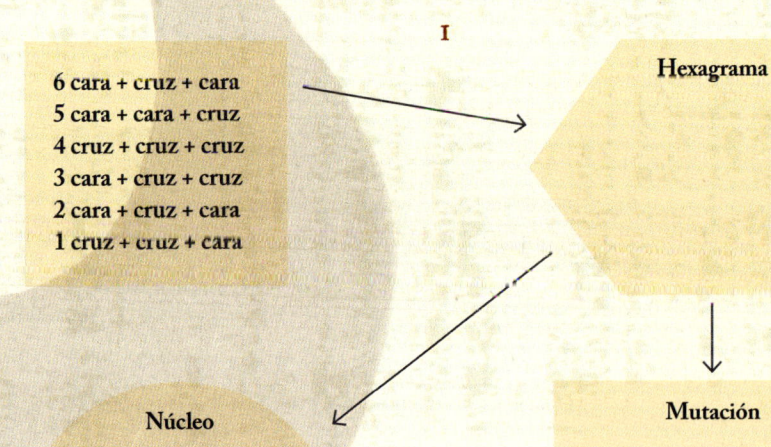

I

6 cara + cruz + cara
5 cara + cara + cruz
4 cruz + cruz + cruz
3 cara + cruz + cruz
2 cara + cruz + cara
1 cruz + cruz + cara

Hexagrama

Núcleo

Mutación

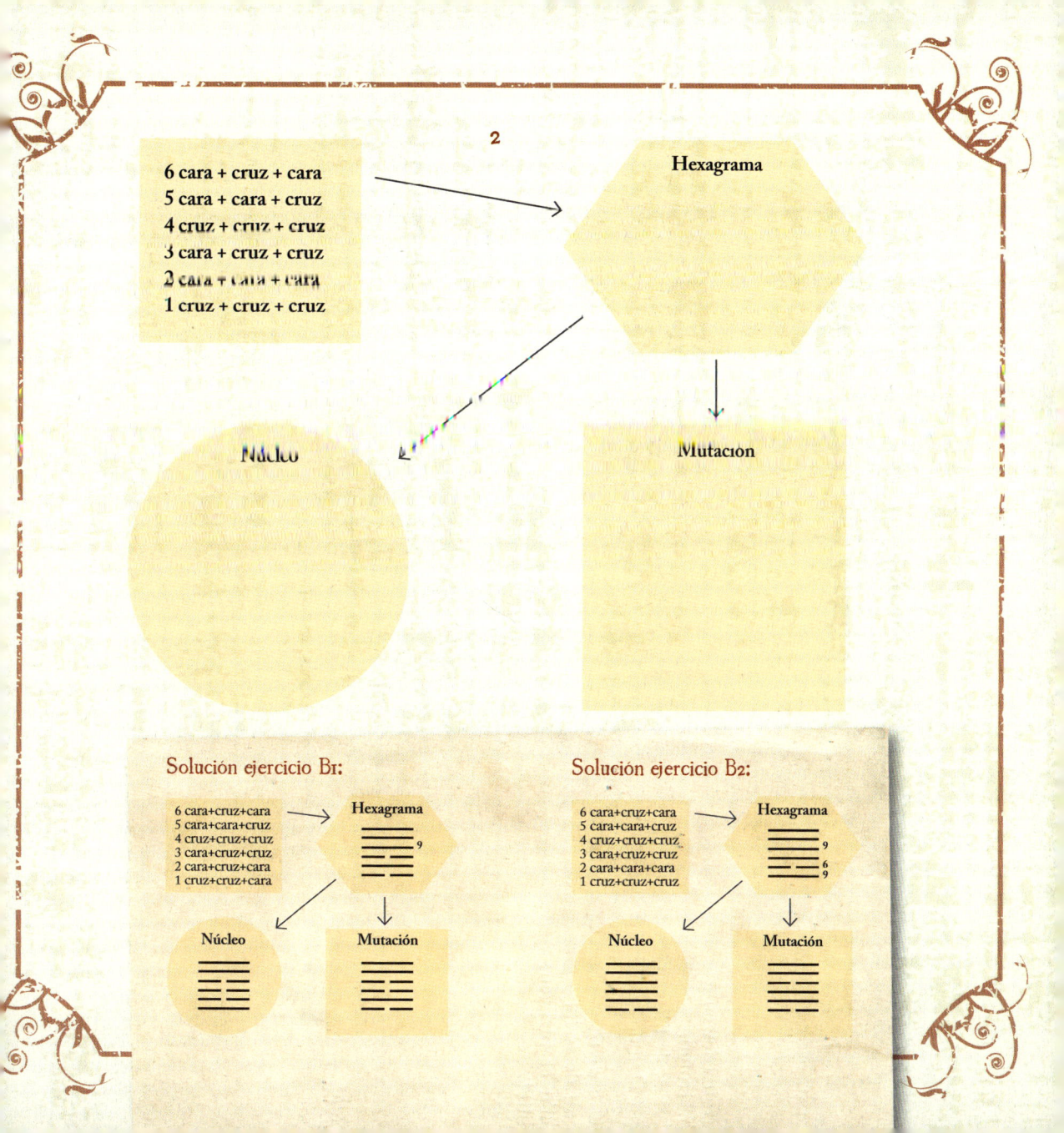

2

Hexagrama

- 6 cara + cruz + cara
- 5 cara + cara + cruz
- 4 cruz + cruz + cruz
- 3 cara + cruz + cruz
- 2 cara + cara + cara
- 1 cruz + cruz + cruz

Núcleo

Mutación

Solución ejercicio B1:

- 6 cara+cruz+cara
- 5 cara+cara+cruz
- 4 cruz+cruz+cruz
- 3 cara+cruz+cruz
- 2 cara+cara+cara
- 1 cruz+cruz+cara

→ Hexagrama 9

→ Núcleo

→ Mutación

Solución ejercicio B2:

- 6 cara+cruz+cara
- 5 cara+cara+cruz
- 4 cruz+cruz+cruz
- 3 cara+cruz+cruz
- 2 cara+cara+cara
- 1 cruz+cruz+cruz

→ Hexagrama 9, 6, 9

→ Núcleo

→ Mutación

29 ☵		☰ 1
30 ☲		☷ 2
31 ☶		☳ 3

I Ching
para cada día

La poesía del I Ching

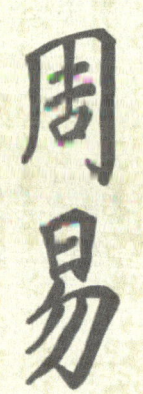

Una vez que se domina un lenguaje, nace la necesidad de crear algo con él. Pueden ser bromas, frases ingeniosas, cartas llenas de sentimientos y palabras hermosas o poesía. Dada la riqueza simbólica del I Ching, no resultará tan difícil. Además, éste no es un curso de poesía ni pretendemos crear grandes obras. Se trata simplemente de jugar con las palabras.

Los resultados se pueden utilizar como despedida en nuestros correos electrónicos, en una postal o en la dedicatoria de un regalo (de un libro, por ejemplo). También podemos mandar una hermosa frase por SMS.

Una preciosa manera de personalizar un regalo es incluir alguna frase personal, recién salida del corazón y dedicada en exclusiva a una persona en concreto. Si eres alguien constante y organizado puedes comprar un calendario o una agenda e ir escribiendo una frase o reflexión para cada día del año.

Presta atención, voy a enseñarte cómo hacerlo.

Busca un momento de tranquilidad. Es importante que nadie te moleste. No estamos hablando de un retiro espiritual, sino de unos pocos minutos para dedicarlos en cuerpo y alma a este sencillo ejercicio.

Si tienes una foto de la persona a quien quieres dedicar tus frases poéticas del I Ching, mejor que mejor. Si no es posible, intenta mantener mentalmente su imagen, tanto en tu cabeza como en tu corazón.

Relájate, haz tres respiraciones completas y profundas. Imagina que llenas cada rincón de tu cuerpo con un chorro de aire relajante. Sigue respirando con normalidad y a tu ritmo, sin forzarte. Mira la fotografía, no separes tus ojos de ella o fija su imagen en tu cabeza. Luego, mediante unas cuantas respiraciones conduce conscientemente el aire hasta la mente y allí toma la imagen y guíala hasta tu corazón.

Si la frase que buscas no es para una persona sino para una situación, procede de la misma manera. Imagina la situación, mantén su imagen en tu mente y dirígela a tu corazón. No te preocupes si la imagen es dolorosa, porque tú eres quien la controla. Si te perturba, concéntrate en tu respiración y agárrate al aire que inspiras y espiras acompañándolo.

Estamos concentrados, tenemos nuestra imagen. Es hora de realizar la pregunta. Simplemente hazla. Puedes formularla diciendo: «Una frase para X, para este momento de su vida» o «una inspiración para X para que…». Lanza las monedas y apunta sus valores.

Yo he hecho lo mismo y he pedido una frase que inspire a los lectores de este libro. He aquí el resultado:

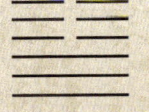

⚏
⚌

No está nada mal, tenemos suerte: la tierra del cielo. Y además sin mutaciones, tal como está, así es. Y el núcleo es el trueno sobre el lago.

Pero volvamos al hexagrama original: Kun sobre Kien, La tierra del cielo, con un cielo que empuja hacia arriba. Repasemos el significado de cada uno de los trigramas que componen este hexagrama número 11, la paz:

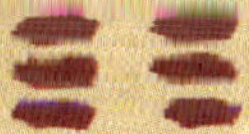

Kun, tierra. Lo receptivo

Es muy interior y desde allí ofrece todo lo que tiene sin hacer ruido.
Lo receptivo, sirve, da luz, inspira. Es la madre, nutre, protege y conserva.
Fértil, extenso, sin preferencias.
Elemento, tierra.

> ☰ **Kien, ciclo. La fuerza**
>
> Es dinámico, inagotable, cambiante e implacable. Lo creativo, fuerte y poderoso. Es el padre, el que dirige y condiciona.
> Aporta alegría profunda y duradera.
> Duración, luminoso y firme.
> Elemento: Metal

Nuestros poemas pueden contener simplemente tres versos. De los cuales el primero refleja la descripción física del hexagrama. En nuestro caso: la tierra del cielo.

El segundo verso lo dedicamos a la característica principal del hexagrama: lo receptivo y la fuerza. Utilizamos siempre una «y» para unir los dos conceptos.

Y el tercer verso lo dedicamos a enumerar otras características de cada trigrama unidas por un «que», obteniendo en nuestro caso: alegría que nutre.

Es muy importante tener en cuenta que los dos primeros versos se forman con los significados de cada trigrama tomando uno de arriba y otro de abajo. En cambio, en el tercer verso operamos al revés: primero tomamos una palabra del trigrama de abajo y luego otra del trigrama de arriba. De tal manera que:

Verso 1: descripción física del hexagrama: _____ del/ de la _____
(arriba, abajo o exterior-interior)

Verso 2: principal del hexagrama: _____ y _____
(arriba-abajo, o exterior-interior)

Verso 3: otras características: _____ que _____
(abajo-arriba, o interior-exterior)

Nuestro verso resultante a partir del hexagrama de más arriba es:

La tierra del cielo,
lo receptivo y la fuerza,
alegría que nutre.

La fórmula que presentamos es básica. Cuando ya te sientas cómodo y familiarizado con esta técnica, podrás aplicar toda tu creatividad.

Práctica 7: Mi primer poema I Ching

Ejercicio A:

¿Cuál es el hexagrama? A continuación te presentamos cuatro poemas en busca de su hexagrama. ¿Puedes encontrarlos?

1	2	3	4
El trueno de la montaña	La montaña del lago	El fuego del viento	El fuego del agua
La quietud y el límite	El límite y la apertura	El resplandor y la penetración	El resplandor y el abismo
El aquietamiento que suscita	La cualidad que protege	La amabilidad que ilumina	La emboscada que es rayo

A B C D

Solución:
1-B 3-A
2-C 4-D

La meditación del
I Ching

Meditar consiste en respirar y observar. En realidad es muy simple pero, como todas las cosas simples en nuestra era contemporánea, cuesta mucho. Básicamente porque da pereza o porque dedicar unos minutos a no hacer nada más que respirar implica demasiada quietud para la mayoría. Ciertamente, hay días que tenemos ganas y otros que no. Es como lavarse los dientes: puede convertirse en algo automático y necesario.

Pero ¿cuándo? Seguramente madrugas todos los días, te duchas y en media hora ya estás saliendo de casa. Llegas al trabajo y no paras hasta la hora de comer. Por delante todavía te quedan unas cuantas horas de trabajo... Hasta que sales, no siempre puntual porque siempre hay cosas urgentes que acabar. Con algo de suerte podrás pasar por el súper para hacer la compra. Quizá tengas que recoger a los niños en la escuela o acudir a clases de inglés. Por fin llegas a casa y preparas la cena. Bajas el ritmo unos minutos con la excusa de ver la televisión, lees un libro o adelantas trabajo para mañana. Finalmente, te quedas dormido antes de darte cuenta.

¿Cuándo meditar?

Quizá no haya reflejado tu situación, pero puede que este sea el día a día de muchas personas. Entonces, ¿cuándo podemos meditar si apenas tenemos tiempo para respirar? Fácil, en la cama y antes de dormir. Ya verás cómo después duermes muchísimo mejor. La meditación aumenta tu nivel de descanso. Lo notarás en la calidad de tu sueño y sobre todo en la energía que irás ganando. Entonces, si es tan ventajoso, tan barato y tan bueno, ¿por qué no se incentiva más? ¡Ah! Mejor que seas tú quien conteste a esa pregunta.

Con la meditación podemos hacer que nuestra cabeza se serene. Si lo conseguimos, podremos concentrar mucho mejor nuestra fuerza mental y nos sentiremos más limpios por dentro. Nuestro espíritu lo agradecerá. Y todos sabemos lo que es tener un espíritu ligero. Cuando no podemos ni con nuestra alma, todo se nos antoja muy cuesta arriba.

¿Y se puede meditar con el I Ching? Por supuesto que sí. Sólo necesitas ponerte cómodo y mantenerte enfocado en tu propia respiración. Puedes empezar dedicando cinco minutos al día.

Para una buena meditación...

1. Ponte cómodo.
2. Mucho mejor meditar sentado. Mantén una postura de 90°, con la espalda bien recta y los hombros relajados.
3. Es normal moverse mucho, levantar los hombros, tensar el cuello, encorvar la espalda... Para evitarlo, simplemente corrige la postura muy despacio. A veces es efectivo estirarse todo lo posible y luego volver a la postura normal.
4. Nunca dejes de prestar atención a tu respiración.
5. En cada respiración cuenta del 5 al 1. Si te pierdes (lo cual es normal), simplemente vuelve a empezar.
6. Cuando un pensamiento aparezca en tu mente, déjalo pasar como si fuera una nube. Intenta no agarrarte a él. Y mantén tu respiración (sigue contando: 5, 4, 3, 2...).

7. Si permaneces con los ojos cerrados, podrás centrarte mucho más en ti mismo. Piensa que al abrir los ojos estamos centrándonos en el exterior. Por eso, lo mejor es mantener la vista en un ángulo de 45º y focalizada hacia un punto en concreto.

Un koan muy personal

El I Ching en la meditación puede aportar las ventajas de un koan individual, sin maestro. Los koan son pequeñas frases que la filosofía zen utiliza para centrar la meditación. Es el maestro quien suele indicar una u otra al discípulo, según su evolución. Un koan puede ser una frase o una pregunta sin aparente sentido. Uno de los más conocidos es: «¿Cuál es el sonido de una sola mano que aplaude?»; o bien: «¿Cuál era tu rostro original antes de nacer?».

El practicante se dedica a meditar repitiéndose el mismo koan hasta que su razonamiento conceptual queda erradicado para que pueda surgir la prajna o sabiduría intuitiva. No se trata de una respuesta en mayor o menor grado acertada. No es un examen. Es una frase en la que se concentra la respiración hasta que «sentimos» y captamos su significado.

Deja que el I Ching te guíe

Cuando no tenemos un maestro que nos guíe, hemos de hacerlo nosotros mismos. En este aspecto, el I Ching nos puede ayudar. Ahora bien, ¿en qué centro mi meditación? Basta con lanzarle esta pregunta al propio I Ching. Vamos a probarlo. Voy a realizar yo misma esta pregunta. A ver qué sale:

Sun y Li: Fuera el viento y dentro el fuego (fuera porque se corresponde con el trigrama externo y dentro porque se corresponde con el trigrama interno), lo suave y lo adherente.

A partir de ahora me concentraré precisamente en esa imagen: dentro el fuego, fuera el viento. Y a ver qué pasa con la meditación y qué encuentro. Cada vez que inspire, lo haré con «dentro el fuego» y espiraré con «fuera el viento».

Resumamos el proceso que hemos seguido:

1. Concentrarse y hacer la pregunta: «Ahora, ¿en qué centro mi meditación?»
2. Dibujar el hexagrama recibido.
3. Escribir el significado de cada uno de los trigramas.

4. Formar la frase.
   Dentro + (el significado del trigrama interior).
   Fuera + (el significado del trigrama exterior).
5. Prepararse para meditar.
6. Durante la meditación, inspirar con la primera parte de la frase.
7. Espirar con la segunda parte de la frase.

¿Y hasta cuando? Hasta que sintamos y captemos la respuesta. Cuando uno sabe algo, es algo que se nota con una convicción extraordinaria. Y esa imagen ya no nos abandona fácilmente.

Cuando no tenemos un maestro que nos guíe, hemos de hacerlo nosotros mismos. En este aspecto, el I Ching nos puede ayudar. Ahora bien, ¿en qué centro mi meditación? Basta con hacerle esta pregunta al I Ching.

Práctica 8: Mi primera meditación I Ching

Ejercicio:

A continuación te presentamos una serie de hexagramas. En el recuadro inferior se indican las partes de las frases. Debes unirlas y luego relacionarlas con el hexagrama correspondiente. Recuerda que el trigrama de abajo es el que llamamos «interior-dentro» y el de arriba, «exterior-fuera».

A   **B**   **C**   **D**

fuera el fuego   dentro el lago
dentro la montaña   dentro el viento
      fuera la montaña   dentro el abismo
fuera el fuego   fuera la sacudida

Solución:
A- Fuera el fuego, dentro el viento.
B- Fuera la sacudida, dentro la montaña.
C- Fuera la montaña, dentro el lago.
D- Fuera el fuego, dentro el abismo.

La danza del I Ching

Las interacciones energéticas representadas por los trigramas pueden ser utilizadas para definir movimientos. Existe una larga tradición al respecto en algunas artes marciales y principalmente en el Baguazhang.

El concepto Bagua, entendido como teoría marcial, representa ocho posiciones corporales especiales. Estas posturas equilibran la energía corporal y la ponen en comunicación con la energía del Universo. También aumentan la circulación de energía interna (Qi) y la hacen fluir por los órganos internos, aumentando la vitalidad general de los practicantes.

Pero aquí no vamos a practicar el Bagua, sino algo mucho más básico, que, en el caso de interesarnos, puede conducirnos hacia el Baguazhang.

Aquí encontrarás pequeños movimientos con los que podrás coreografiar una danza y que están destinados a aumentar la flexibilidad, la velocidad, la resistencia y la fuerza de las extremidades inferiores.

Para las personas que apenas tienen tiempo supone una práctica muy sencilla que no requerirá más de cinco o diez minutos. Es apto para toda la familia y se puede practicar a solas o en compañía.

Otra manera de ahondar en la meditación de una respuesta dada por el I Ching consiste en «moverse» con ella. Así que estos movimientos pueden servir para mucho más que la práctica de la respiración, la fuerza o el ritmo.

Los preparativos

Para empezar necesitas un cartón o algunas hojas de periódico, además de un lápiz, un rotulador de tinta permanente negro o pintura de color negro.

La idea es dibujar un círculo con la imagen del yin-yang. Puedes fabricarlo tú mismo con la típica caja de cartón del supermercado. Si no encuentras un buen cartón, también puedes unir varias hojas de periódico.

Marca un círculo de un metro de diámetro. Con el lápiz señala la mitad del círculo y dibuja la forma del yin y el yang.

Deja un margen amplio para dibujar allí los ocho trigramas de la siguiente manera:

Cielo

Agua **Viento**

Montaña **Tierra**

Trueno **Fuego**

Lago

Esta superficie nos servirá para ejercitar nuestra danza.

La postura del cuerpo

Es importante mantener la cabeza erguida, el mentón recogido y la espalda relajada. Cierra el ano y levanta el perineo. Cuando una pierna avanza, lo hace desde la cadera con la sensación de que el estómago va hacia atrás. Mientras avanzas una pierna, imagina que lo haces como si llevaras una góndola o una balsa. Todo nuestro peso se concentra abajo, estamos atados a la tierra. Imagina que eres un globo medio lleno de agua. El líquido se queda en la parte interior del cuerpo, desde las caderas hacia abajo.

La respiración acompaña los brazos, una inhalación cuando se acercan a nuestro ombligo y una exhalación cuando se alejan.

Los cambios en los movimientos deben realizarse sin cortes para no interrumpir el fluir de la energía. Y siempre hay que regresar a la zona del ombligo antes de realizar un nuevo movimiento.

Inicio y cierre

Al empezar y al acabar la danza, camina alrededor del círculo. Cada vez que pases del yin al yang o viceversa, da un giro completo. Es decir, gira el cuerpo pero volviendo al mismo punto donde estabas. Este giro debe hacerse sin dejar de caminar. En realidad, es como si giraras alrededor del yin-yang haciendo un movimiento tal y como se puede apreciar en la siguiente ilustración:

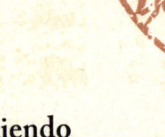

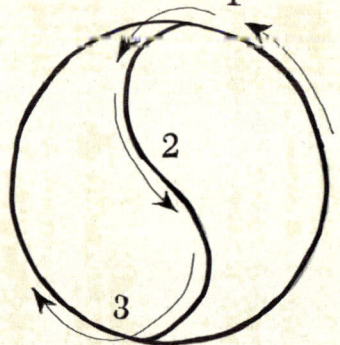

Conviene practicar el giro para que luego no nos entorpezca. Parece, como todas las instrucciones de movimientos, más complicado de lo que en realidad es. Una vez que hayas integrado el giro en tu círculo, puedes pasar al movimiento de brazos.

Al mismo tiempo, acompaña la marcha con los brazos extendidos, sin tensarlos y ligeramente arqueados de manera que una palma mire hacia el exterior y la otra hacia ti. Empieza siempre con el pie y la palma izquierda mirando hacia fuera. Cuando gires cambia también las manos, de manera que la derecha acabe hacia fuera y la izquierda mirando hacia ti. Da ocho vueltas alrededor del círculo, tantas como trigramas.

Este movimiento circular facilita la concentración y ayuda a encontrar el propio ritmo. Una vez que controles el movimiento, puedes incorporar la respiración.

Un movimiento para cada trigrama

Cada trigrama tiene un movimiento que le es propio. Para saber cuáles son los movimientos que vamos a trabajar, debemos tirar el I Ching haciendo precisamente esta pregunta: ¿Qué trigramas voy a trabajar?

Apunta el hexagrama. Si tiene mutación, practicaremos los dos, es decir: cuatro trigramas; si no, nos quedaremos solamente con dos. De este modo, cada vez que pasemos por delante de uno de los trigramas que el I Ching nos ha propuesto (después de las ocho vueltas), haremos el movimiento en cuestión.

Al principio conviene practicarlos por separado. Primero empezamos con uno y al dominarlo ya podemos incorporar el resto. Lo importante es no abandonar nuestro círculo ni nuestra marcha. El objetivo de la práctica conduce a ello y una vez que ya podemos avanzar alrededor del círculo, sin tropezarnos ni detenernos, podemos pasar al nuevo movimiento, por lo que entonces volveremos a preguntar al I Ching por nuestra nueva danza.

Kien, cielo
La fuerza
Mientras mantenemos el círculo y los giros, los brazos dirigidos por las manos suben hasta alcanzar la altura máxima.

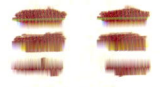

Kun, tierra
Lo receptivo
Mientras mantenemos el círculo y los giros, las manos descienden dibujando círculos. Podemos curvar ligeramente la espalda, pero nada más. Hay que intentar mantenerse siempre de pie y erguidos. En este caso, las manos descienden mientras se mueven.

Li, fuego
El resplandor
Mientras mantenemos el círculo y los giros, las manos se acercan y se alejan del pecho.

Kan, agua
El abismo
Mientras mantenemos el círculo y los giros, las manos se acercan a los riñones, rodean la cadera, se acercan a la vejiga y vuelven al ombligo.

Dshen, trueno
La sacudida
Mientras mantenemos el círculo y los giros, las manos se acercan a la cadera, se estiran hacia fuera y vuelven hacia la misma con movimientos sinuosos.

Sun, viento
La penetración
Mientras mantenemos el círculo y los giros, las manos se acercan a las rodillas estirándose hacia ellas y luego alargándose hasta el ombligo.

Ken, montaña
El límite
Mientras mantenemos el círculo y los giros, las manos se acercan a la altura del cuello, se pliegan hacia él y se alejan con movimientos circulares.

Tui, lago
La apertura
Mientras mantenemos el círculo y los giros, las manos se acercan a la altura de los hombros (primero el izquierdo), pujan hacia adentro y después hacia fuera, pasando hacia el hombro derecho (empujando siempre).

Práctica 9: Mi primera coreografía I Ching

Ejercicio 1:
Ordena la siguiente coreografía de principio a fin.

a) Incorpora los giros.
b) Practica primero la respiración.
c) Luego practica el caminar en el círculo.
d) Haz una tirada del I Ching y pregunta qué movimientos practicar.
e) Cuando ya lo hagas de manera inconsciente, practica los trigramas.
f) Empieza con ocho vueltas de marcha circular.
g) Practica cada trigrama por separado y luego incorpora uno a uno alrededor del círculo.
h) Acompaña la respiración con los movimientos de los brazos.
i) Termina con ocho vueltas de marcha circular.
j) En cada cambio de movimiento, acerca las manos hacia la zona del ombligo.

Solución: d, b, c, a, e, g, h, f, j, i

Ejercicio 2:

Prepara tu tabla de movimientos y apunta lo que necesitas en la casilla correspondiente.

Mi pregunta al I Ching	
Hexagrama 1	
Hexagrama resultante de la mutación	
Marcha circular	
Trigrama 1 y su movimiento	
Trigrama 2 y su movimiento	
Trigrama 3 y su movimiento	
Trigrama 4 y su movimiento	
Marcha circular	

La filosofía del I Ching

La filosofía oriental es diferente a la occidental. En Oriente no han crecido con la idea de un paraíso perdido del que hemos sido expulsados. No hay castigo ni culpa original, no hay juicios finales ni no finales. Lo que está bien y lo que está mal, lo que es ético y lo que no lo es, se define a partir de un esquema moral completamente diferente.

En Oriente, lo importante es el fluir de la vida y el medio en el que se manifiesta. Al igual que no podemos pedirle a un oriental que piense como un occidental, tampoco podemos pretender lo contrario. De ahí que sea importante usar su simbolismo y no tomarse sus criterios al pie de la letra, porque simplemente pertenecemos a otra cultura que, para bien o para mal, nos condiciona.

La ventaja del símbolo es que es universal, no está sujeto a coordenadas culturales. Por lo tanto, nuestra interpretación, nuestra personalización del símbolo, sí que cumplirá con esa parte. Al fin y al cabo, vivimos en un aquí y en un ahora.

Conócete a ti mismo

A lo largo de sus páginas, el I Ching no deja de insistir sobre la importancia del conocimiento de uno mismo. Pensar y reflexionar sobre lo que hacemos y lo que nos ocurre, sin caer en las trampas morbosas de la cavilación que a nada conducen, es necesario para conquistar espacios de salud mental y física.

El I Ching postula la confianza del hombre en su inconsciente para que pueda entrar en acción con una visión más amplia, sin juicios ni prejuicios. Es esta postura la que nos permitirá ver más allá de nosotros mismos y acercarnos a la idea de la mutación, del cambio y la transformación. No se trata de ver los árboles ni el bosque, sino la naturaleza al completo. La mutación, en efecto, no se detiene sobre los factores individuales que pasan con el fluir de la corriente, ya sean grandes o pequeños.

La mirada del I Ching apunta hacia la eterna ley inmutable que actúa en toda mutación. Si, por ejemplo, como le ocurrió a la escritora Jane Austen, una infeliz historia de amor nos impulsa a escribir maravillosas aventuras románticas, habremos comprendido una parte del Todo. Puede que una infancia infeliz nos haya impulsado a una búsqueda vital que dé como resultado la felicidad. O que la deshonestidad que nos rodea nos impulse a defender y creer más en nosotros mismos. Puede que el silencio nos haga hablar, o que el ruido nos haya vuelto más reflexivos y silenciosos.

Y, a la vez, todo ello seguirá transformándose de generación en generación, porque lo único que conoce la naturaleza es el crecimiento, que tan sólo sucede a través del cambio, la transformación y la mutación.

Estar vivos es cambiar

La vida consiste en aprender cosas nuevas, dar pasos atrás para luego lanzarnos hacia delante; o bien dar pasos hacia adelante para caer después en un abismo del que saldremos ampliamente reforzados. El I Ching proclama el sentido de estar vivos, a veces con miedo y otras con osadía; contentos y tristes, alegres y desenfadados; circunspectos y dicharacheros; conscientes e inconscientes. Lo único cierto para el I Ching es que la existencia se construye a partir de experiencias. Y éstas se forman a partir de los cambios.

Nuestra cultura nos impulsa en muchos aspectos a «agarrarnos» a lo que sea con tal de vivir mejor. Más allá de que sean cosas que facilitan en mayor o menor medida nuestro paso por la vida, resulta curioso, interesante o sorprendente que un libro sagrado milenario propugne simplemente que nos dejemos llevar, que nos embarquemos en el viaje del cambio que, al fin y al cabo, es el viaje de la vida.

A veces llorarás y otras reirás

Mientras que para muchos la vida está en un trabajo o una casa para siempre, el I Ching nos propone otra cosa muy diferente. De hecho, si pudiese hablar nos diría lo siguiente:

«Posiblemente, lo único a lo que puedes agarrarte es a ti mismo. Así que más te vale conocerte bien porque es lo que no se separará de ti mientras estés vivo. Ahora bien, recuerda que esto también puede cambiar y transformarse a través de las experiencias de la vida. A veces llorarás y otras reirás; a veces perderás y otras ganarás. Puede que tengas una casa y la pierdas, o un trabajo y lo pierdas. Todo vale mientras no pierdas la vida, el bien que tienes hasta que también se transforme en otra cosa. Mientras, para comprender un poco, conocerte más y preocuparte menos, escucha mis sabias palabras que son tuyas, nacen de lo más hondo de ti y del ser humano; por eso son sabias y sagradas.»

Aprende a escucharte, sin prisa

Parece sencillo, pero no lo es, ya que existen muchas fuerzas que tiran de nosotros en sentido contrario. Además, conocerse no es una tarea rápida; puede ocurrir que algo nos resulte incomprensible y no lleguemos a entenderlo hasta muchos años después. Somos parte de la naturaleza y de las fuerzas vitales, no maduramos en dos días.

Sentimos el calor en verano, la alegría de la primavera cuando brotan las hojas; sentimos el frío del invierno, los colores del otoño. Año tras año, así ocurre.

Puede que en la gran ciudad se aprecien poco estos cambios de la naturaleza. Pero bastará salir de ella para disfrutarlos en toda su plenitud. Y, sin embargo, todavía a muchos nos cuesta creer que después del invierno llega la primavera, incluso llegamos a vivir como si la primavera, el invierno o el verano fueran eternos.

Una sencilla analogía

Richard Wilhem realiza una perfecta analogía del I Ching con el vino. Al descorchar un vino, un experto sabrá captar su sabor presente y cómo evoluciona una vez que la botella esté abierta. Pero también podrá contarnos cosas sobre su origen, su antigüedad y cómo ha envejecido.

Para entender el I Ching es posible un acercamiento inocente y sin experiencia, igual que puede hacerlo un lector informado. No es un oráculo que nos hable solamente del porvenir, sino que nos muestra la historia del momento en el que nos encontramos, como un órgano vivo completo con raíces, ramas y frutos, de ahí que sea posible compararlo con el vino.

En palabras de Richard Wilhem: «El libro de las mutaciones revela las imágenes del acontecer y con ellas el devenir de las situaciones... Cuando con su ayuda se reconocen así los gérmenes, se aprende a prever el futuro, al igual que se aprende a comprender el pasado.»

Una visión de conjunto

Una vez que sepamos reconocer en mayor o menor medida cómo nos colocamos en una situación, podemos elegir con mayor libertad. Podemos elegir vivir un momento ineludible para trascenderlo; podemos cambiar el rumbo determinado por ciertos condicionantes; podemos alejarnos de la compulsión de un momento o una acción.

La visión de conjunto que nos facilita el I Ching es un canto a la libertad y al conocimiento. Todos tenemos una voz y sólo nosotros podemos entonar las melodías que consideramos que nos pertenecen, nadie más. Permitamos que ese sonido llegue lejos o se diluya con el viento.

Este saber no es exclusivo del I Ching. A lo largo de la historia se han creado profundos textos que nos revelan cuestiones importantes. Algunos tienen la facilidad de escuchar la música de la vida y luego nos la comunican. Pienso en los poetas que sin descanso cantan al alma, como Antonio Machado. No es el único, pero sus palabras parecen estar hechas para hablar de la permanente transformación de la vida:

Todo pasa y todo queda,
pero lo nuestro es pasar,
pasar haciendo caminos,
caminos sobre el mar.

Nunca perseguí la gloria,
ni dejar en la memoria
de los hombres mi canción;
yo amo los mundos sutiles,
ingrávidos y gentiles,
como pompas de jabón.

Me gusta verlos pintarse
de sol y grana, volar
bajo el cielo azul, temblar
súbitamente y quebrarse...

Nunca perseguí la gloria.

Caminante, son tus huellas
el camino y nada más;
caminante, no hay camino,
se hace camino al andar.

Al andar se hace camino
y al volver la vista atrás
se ve la senda que nunca
se ha de volver a pisar.

Caminante no hay camino
sino estelas en la mar...

Hace algún tiempo en ese lugar
donde hoy los bosques se visten de espinos
se oyó la voz de un poeta gritar:
«Caminante no hay camino,
se hace camino al andar»

Golpe a golpe, verso a verso.

Cantares, *Antonio Machado*

Práctica 10: Mi fluir con el I Ching

Ejercicio 1:

Las ideas principales que sostienen la filosofía del I Ching son tres. ¿Cuáles son? Marca con una cruz las opciones que te parecen más acertadas:

1. Todo cambia.
2. La existencia se construye a partir del cambio.
3. Conócete a ti mismo.
4. Cuando comprendemos el futuro también abrazamos el pasado.
5. Todo tiene una causa.
6. Desde el presente podemos comprender el pasado y el futuro.
7. Preocúpate por el futuro.
8. Elegir es importante.

Solución:
Las tres ideas principales que sostienen la filosofía del I Ching son:
2. Más específica que la opción 1.
3. Uno de los postulados más importantes del I Ching.
6. Es el objetivo del I Ching como oráculo.

Ejercicio 2:

En los momentos de aflicción, cuando todo está revuelto, es bueno rebuscar en la memoria y darse cuenta de que es posible salir de la tormenta. Más allá de la fe, de la confianza en que las cosas son para bien, podemos echar mano de nuestros tesoros inefables fabricados con retazos de memoria.

En este arcón de la memoria podemos guardar las hermosas cartas que hayamos recibido alguna vez, fotos e incluso frases especiales. Da igual la cantidad, lo importante es que despierten lo mejor de uno mismo cuando el túnel esté siendo demasiado largo o profundo.

Si no dispones de cartas, textos o frases inspiradoras, puedes crear algunas propias de tu puño y letra. Resérvate un espacio y un tiempo. Es importante que nadie ni nada te moleste o interrumpa. Desconecta el móvil por unos minutos.

Vuelve a leer este último apartado sobre la filosofía del I Ching. Luego, inspirando esa manera de ver la vida, exhala tus propias frases. Pueden ser una, dos, cinco o más. Deja que tu pensamiento fluya libremente. No corrijas, no cambies, no borres por más que te parezca un sinsentido lo que estás plasmando sobre el papel. Te pertenece, es tu tesoro.

121

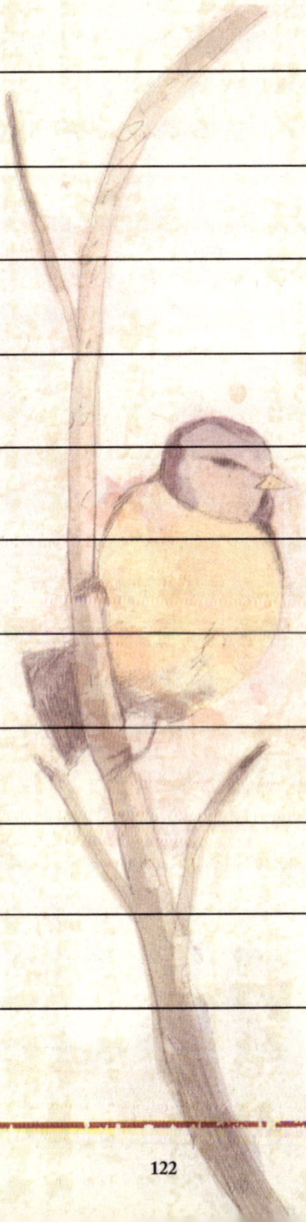

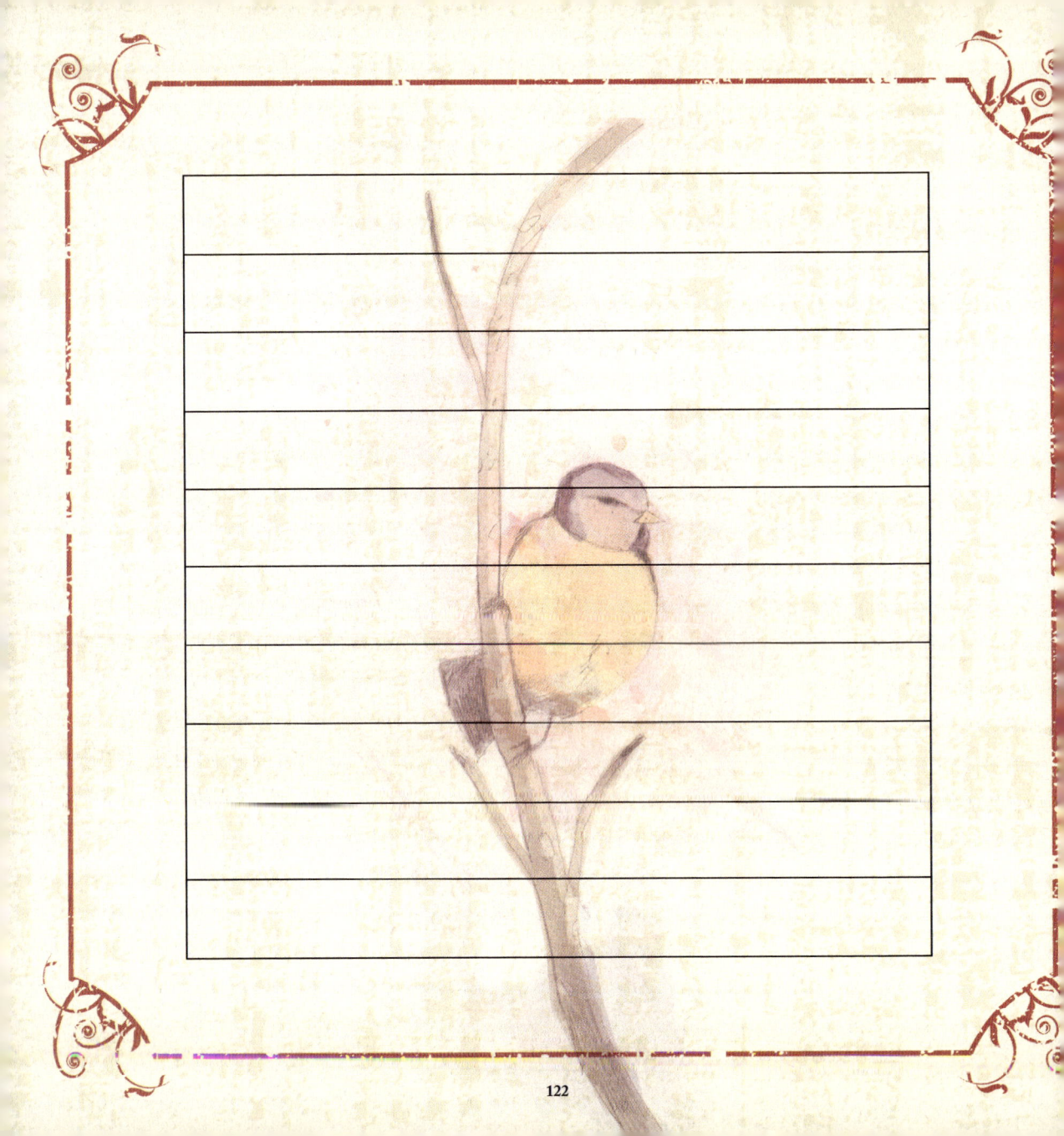

La dieta del I Ching

Lo que aquí proponemos no sirve para curar o tratar ninguna dolencia. Es una simple orientación, no una guía. La dietética china, junto a la acupuntura, la fitoterapia y el masaje forman parte de los pilares terapéuticos fundamentales de la medicina tradicional china. Y nada más lejos de nuestra intención que suplantarlos con nuestras sugerencias.

La medicina china tiene una amplísima clasificación de los alimentos. Cada sabor cuenta con una característica energética diferente, de tal manera que encontramos alimentos asociados a cada uno de los elementos. Pero no solamente atiende al sabor, sino también a su color e incluso forma.

Las ocho leyes

Según la tradición oriental, la alimentación energética consta de ocho leyes:

1. Hay cinco sabores: agrio, amargo, dulce, picante y salado.
2. Es necesario equilibrar los cinco sabores en la alimentación diaria.
3. Es importante adaptar la alimentación diaria a las estaciones y al clima.
4. Cocinar es una manera de equilibrarse.
5. A cada persona le corresponde un tipo de alimentación en un momento dado de su vida y su constitución.
6. Comer sólo alimentos con mucha energía (cosas frescas de la huerta o del mercado, evitar platos precocinados, comidas congeladas o elaboradas en el microondas).
7. Es fundamental fortalecer el centro de cada persona con alimentos del elemento tierra con una calidad térmica neutra (cereales, calabaza, zanahoria, patatas...).
8. Jamás olvidarse de empezar el día con un buen desayuno, tomándose su tiempo para ello.

Seguir las ocho leyes de la alimentación energética propuestas por la tradición oriental no resulta tan fácil. Lo primero a tener en cuenta es que nutrirse es mucho más que introducir comida en la boca: es una forma de vivir. Intenta empezar poco a poco, sin marcarte cambios demasiado drásticos que luego te lleven al terreno pantanoso de la culpa. Los cambios requieren su tiempo.

Una vez más, lo mejor es preguntarle al I Ching para indagar en esa parte importante de nuestra vida. ¿Cómo puedo operar un cambio de nutrición en mi vida?, ¿qué implica un cambio de nutrición en mi vida? Son algunas de las maneras de plantear esta delicada cuestión. Los cambios no son fáciles para todo el mundo. Muchas veces no basta con someternos a una voluntad férrea que transgredimos habitualmente. Quizás antes haya que hacer algún ajuste a nivel mental. Y precisamente para eso está el I Ching, no para darnos una orden que ejecutaremos a la perfección, sino para darnos la oportunidad de escucharnos, interrogarnos, reflexionar y meditar hasta que podamos dejarnos llevar por un nuevo movimiento o un nuevo giro del yin y el yang que nos pertenecen.

Los cinco elementos

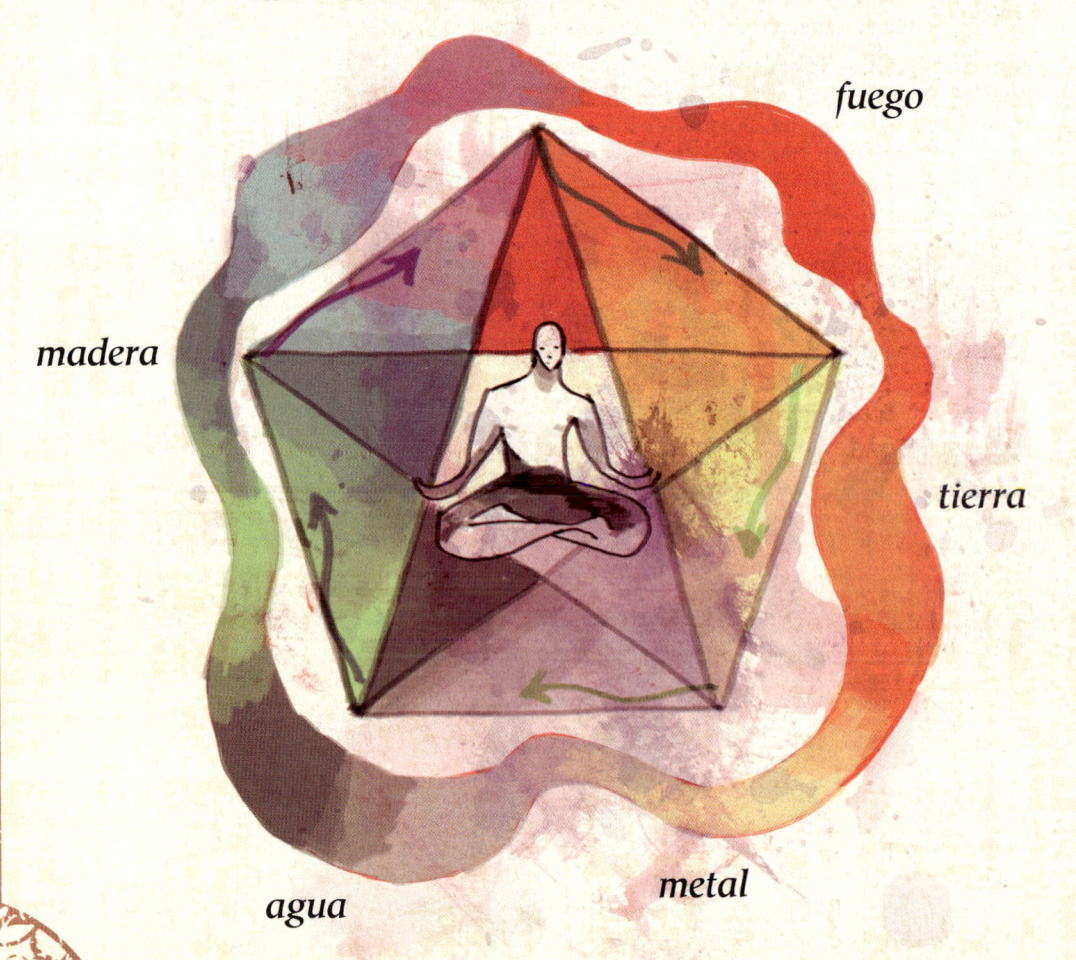

fuego

madera

tierra

agua

metal

Elemento madera

Simboliza la fuerza de la naturaleza que surge en la primavera; es el primer impulso, impulso por nacer, por vivir y crecer.

Alimentos ácidos: astringen, contraen la energía hacia adentro.

Actúan sobre el hígado (yin) y la vesícula biliar (yang).

Se nota en los ojos, las lágrimas, las uñas, la bondad, la furia y la rabia.

Su aspecto yang se muestra en los colores azul y verde claro y oscuro

El yin se muestra en los tonos azul y verde fuerte.

Elemento fuego

Es la expresión máxima de yang en la naturaleza. Simboliza lo más volátil, lo que asciende, lo menos denso.

Alimentos amargos: favorecen el drenaje y la evacuación, descienden y secan.

Actúan sobre el corazón (yin) y el intestino delgado (yang).

Se nota en la lengua, los vasos sanguíneos, la circulación, el sudor, la alegría y el odio.

Su aspecto yang se muestra en los colores rojo oscuro y rosa suave, salmón.

Y el yin en los tonos rojo y rosa fuerte, malva y fucsia.

Elemento agua

Es la expresión máxima en la naturaleza, en la que se encuentra en todos sus estados. Es moldeable y adaptable a la situación, flexible.

Alimentos salados: en cantidad moderada ablandan, lubrican.

Actúan sobre el riñón (yin) y la vejiga urinaria (yang).

Se nota en las orejas, los huesos, la orina y el miedo.

Su aspecto yang se muestra en los colores negro, azul oscuro, gris oscuro y salmón.

El yin se muestra en los tonos azul fuerte, azul eléctrico e índigo.

Elemento tierra

Representa la fase intermedia entre agua y fuego. Es el punto de vista del observador, donde el individuo observa la naturaleza y todas sus representaciones. Allí donde se establece la relatividad de las cosas, porque dependiendo de dónde esté situado el individuo, la visión será diferente.

Alimentos dulces: ascienden la energía y lubrican.

Actúan sobre el bazo, el páncreas (ambos yin) y el estómago (yang).

Se nota en la boca, la saliva, los músculos, la pena y la meditación.

Su aspecto yang se muestra en los colores marrón, amarillo suave, ocre y vainilla.

Su aspecto yin se muestra en los tonos amarillo intenso, marrones fuertes y oscuros.

Elemento metal

El metal toma muchas formas y en su estado natural «no retiene» las cosas; la materia no se adhiere al metal y eso genera una función natural de dejar marchar, de separación.

Alimentos agrios: promueven la flexibilidad.

Actúa sobre el intestino grueso (yang) y pulmones (yin).

Se nota en la nariz, la piel y el pelo. También en la tristeza.

Su aspecto yang se muestra en los colores marrón y amarillo suave, ocre y vainilla. El yin se muestra en los tonos dorado y blanco.

A partir de todo lo anterior podemos inferir que a la vez que un elemento, hemos de considerar su aspecto yin o yang. Lo más fácil es tener en cuenta los colores. Ahora sabemos que un menú, la manera de presentarlo y la decoración de la mesa pueden variar si estamos alegres o muy molestos. Ya tenemos una idea de cómo enfocar una cena de reconciliación o una comida de Navidad en entornos donde haya posturas muy diferentes, algo que es mucho más común en la vida real que en las películas.

A su vez, los trigramas también se asocian por elementos.

Elemento madera	**Elemento fuego**	**Elemento metal**
Dshen, el trueno	Li, el fuego	Tui, el lago
Sun, el viento		Kien, el cielo
Elemento agua	**Elemento tierra**	
Kan, el agua	Kun, la tierra	
	Ken, la montaña	

Una cena especial

La nutrición china aconseja comer cada día alimentos correspondientes a todos los elementos. El I Ching nos permite enfatizar en un aspecto o en otro. Imaginemos que tenemos una cena con alguien especial a quien no vemos desde hace un cierto tiempo. ¿Qué fuerzas nos conviene motivar para que las cosas vayan bien? Quizás el I Ching pueda ayudarnos. Si estamos más bien desanimados y no sabemos muy bien la causa, ya que no se trata de nada médico, podemos preguntarle al I Ching.

Imaginemos que nuestra comida consta de tres platos: primero, segundo y postre.

Tiramos las monedas para cada uno de ellos. Y luego identificamos los elementos de cada trigrama. A continuación, elegimos del listado de alimentos los que nos interesan. Y hacemos la combinación que nos resulte más interesante. Aquí tienes un ejemplo:

Primero	Ken, la montaña Kan, el agua	**Elementos tierra y agua** Ensalada de patatas cocidas con calabaza rallada, aliñada con un poquito de jengibre, semillas de sésamo negro y aceite.

Segundo	Tui, el lago Li, el fuego	**Elementos metal y fuego** Arroz con setas, tipo risotto italiano.
Postre	Sun, el viento Kan, el agua	**Elementos madera y agua** Copa fría de sandía con uvas.

Tabla de alimentos según los elementos

METAL	MADERA	FUEGO
Todas las especias picantes (pimienta de cayena, chili...), canela Aguardiente, vodka, whisky Carne de caza, pavo, avena, arroz, cebolla, puerro, berro, rábano, ajo, queso maduro, queso azul, eneldo, cilantro, cardamomo, jengibre, anís, comino, laurel, curry suave, nuez moscada, clavel, pimienta, té de menta	Pollo, caldo de pollo, conejo, pato, queso fresco de vaca, requesón, yogur, kéfir, vinagre Piña, brotes, manzana ácida, naranja, mandarina, limón, lima, tomate, frambuesa, fresa, mora, perejil, zumo de cerezas, kiwi Espelta, trigo, masa madre, levadura Vino blanco, champán o cava, cerveza de trigo	Todo tipo de carne asada a la parrilla, cordero, oveja, cabra, queso de cabra o de oveja, leche de cabra, Licor amargo, coñac, vino caliente, cacao, café, café de cereales, vino tinto, cerveza morena, tés verde y negro, cerveza amarga, vermut Cúrcuma, orégano, pimentón dulce, romero, tomillo, enebro, centeno, diente de león, trigo sarraceno Alcachofa, col de Bruselas, remolacha, endibia, achicoria, lechuga amarga, lechuga silvestre, saúco, pomelo, membrillo, salvia

TIERRA	AGUA
Calabaza, boniato, pepino, plátano, mango, sandía, cereza, albaricoque, melocotón, uva pasa, pistachos, nuez, piñones, pipas, linaza, maíz, col, habichuelas, guisante, zanahoria, patata, dátiles, ciruelo, uva, aguacate, mantequilla, huevo, queso y leche de vaca, nata, azafrán, miel, mazapán, azúcares moreno y blanco, cacahuete, avellana, sésamo, coco, almendra	Anguila, trucha, lenguado, cangrejo, gamba, langosta, camarón, bacalao, salmón, merluza, dorada, anchoa, todo tipo de pescado ahumado, caballa, sardina, atún, sepia, calamar ostras, caviar
Carne de ternera	Carne de cerdo, panceta, bacon, tocino, jamón serrano
Cebada, mijo, salvado de trigo, berenjena, brócoli, coliflor, setas, acelga, pimiento, apio, espárrago, espinaca, calabacín, manzana dulce, pera, melón, papaya (compota), tofu, leche de soja, aceites de oliva y de sésamo, soja y girasol	Lentejas, judías de soja, habas gruesas, alubias
Licor, leche de coco, cerveza de malta, zumo de uva, sirope de arce, zumo de manzana y de verduras	Garbanzos, algas espirulina, chlorella y klamath, fríjol negro, algas, sal, salsa de soja, miso, agua mineral con gas

Una cita delicada

Imagina otro tipo de situación. Tienes un problema con un compañero de trabajo, un amigo o un familiar. Y por fin has decidido que ya es hora de hablar con él. Puede que tengas miedo o que genere ese inquisidor, controlador o manipulador que hay en todos los humanos y que a veces nos devora. Puede que hayas decidido sacar a pasear al teniente general de caballería que salta de tus entrañas. Las opciones son múltiples y nunca vienen en solitario. Se acompañan de culpa o compasión, ira o indiferencia, odio o amor. Cada uno en sus diferentes grados. Vamos, que fácil no parece.

Sigue imaginando que has lanzado las monedas ya que quieres preparar un menú diferente para esta cena. Apuntas los hexagramas para cada plato y luego buscas la mejor combinación según los colores. Por ejemplo: si has obtenido un trigrama con más líneas yin del elemento agua, deberás buscar alimentos de color oscuro, negro, gris. Nada fácil, lo sé. Pero existen las habichuelas negras, que tienen un color que combina con todo y cualquiera que sea el aspecto del otro trigrama; seguro que te quedará un plato muy vistoso.

Primero

Ken, la montaña   Kan, el agua

Elementos tierra y agua

Ambos son claramente yin con un ligero toque yang. Para el elemento tierra recuerda que su aspecto yang se muestra en los colores marrón y amarillo suave, ocre y vainilla; mientras que el yin lo hace en los tonos amarillo intenso y marrón oscuro. Y, para el elemento agua, ten en cuenta que su aspecto yang se muestra en los colores negro, azul marino, gris oscuro y salmón; mientras que el yin se manifiesta en los tonos azul fuerte, azul eléctrico e índigo.

Así que podemos elegir un plato a base de cebada, zanahoria y nueces, por ejemplo. Encontrarás cebada en cualquier tienda de productos naturales. Se cuece como el arroz y resulta muy sabrosa. Para prepararla debes cocerla y dejar que se enfríe. Luego puedes añadirle trocitos de nuez, maíz y zanahoria rallada. Unas tiras de berenjena asada con su piel aportarán el color índigo necesario.

Y el toque yang puedes conseguirlo en el aliño. Diluye en un poco de aceite una pizca de azafrán, miel y una anchoa machacada. Finalmente, incorpora unas semillas de sésamo negro y unos granitos de pimienta negra.

Se puede presentar sobre hojas secas de tonos tierra o en el interior de la piel de una patata que reservaremos para otra cosa. También podemos utilizar platos de color oscuro o bien de color blanco sobre un mantel individual oscuro.

Segundo	Tui, el lago	Li, el fuego

Elementos metal y fuego

Predomina el yang mientras que el matiz lo aporta el yin.
Recuerda que el elemento metal en su aspecto yang se muestra en los colores marrón y amarillo suave, ocre y vainilla.
El yin lo hace en los tonos dorado y blanco.

El fuego en su aspecto yang se muestra en los colores rojo oscuro y rosa suave, y salmón; mientras que el yin lo hace en los tonos rojo y rosa fuerte, malva y fucsia.

Opta por un plato de carne a la parrilla acompañado con cualquiera de las hojas verdes de la lista, cebolla pochada, un toque de canela, nuez moscada con un buen chorro de aceite y coñac u otra bebida de la misma tonalidad o salsa de soja. Este plato se puede presentar sobre una base plateada o dorada. Un pedazo de madera o cartón forrado o pintado con esos tonos puede hacer las funciones de plato de apoyo.

Postre

Sun, el viento   Kan, el agua

Elementos madera y agua

En el elemento madera prevalece el yang, mientras que en el elemento agua, el yin.

Recuerda los aspectos para el elemento madera. Su aspecto yang se muestra en los colores azul y verde claro; mientras que el yin lo hace en los tonos azul y verde fuerte.

Para el elemento agua hemos de pensar en su aspecto yang, que se muestra en los colores negro, azul oscuro, gris oscuro y salmón. Su lado yin se muestra en los tonos azul fuerte, azul eléctrico e índigo.

Para el postre podemos mezclar manzana verde y kiwi (cortados en láminas finas, rallados o en puré), sin cocerlos y siempre crudos. La proporción debe ser de dos partes de manzana por una de kiwi. Puedes rociarlos con un poquito de lima o limón al que puedes agregar una pizca de azúcar.

Presenta el postre sobre un plato en capas. La manzana puede descansar sobre un puré de kiwi, por ejemplo. Adorna con alguna flor de color índigo o prepara un puré de uvas oscuras para decorar y pintar los bordes del plato.

Práctica 11: Mi menú I Ching

Ejercicio 1:

¿Recuerdas las ocho leyes de la nutrición tradicional china? Completa las siguientes frases:

1. Hay cinco sabores: _____, _____, _____, _____, _____.

2. Es necesario _____ los cinco sabores en la alimentación diaria.

3. Es importante adaptar la alimentación diaria a las _____ y al _____.

4. Cocinar es una manera de _____.

5. A cada persona le corresponde un tipo de alimentación en un momento dado de _____ y _____.

6. Comer sólo alimentos con mucha energía (cosas frescas de la huerta o del mercado, evitar platos _____, comidas _____ o hechas _____).

7. Es fundamental _____ de cada persona con alimentos del elemento tierra con una calidad térmica neutra (como cereales, calabaza, zanahoria, patatas...).

8. Jamás olvidarse de _____, tomándose su tiempo para ello.

Ejercicio 2:

Prepara el siguiente menú completando la tercera columna:

Primero	Ken, la montaña Ken, la montaña	**Elemento tierra**
Segundo	Tui, el lago Kan, el agua	**Elementos metal y agua**
Postre	Li, el fuego Kan, el agua	**Elementos fuego y agua**

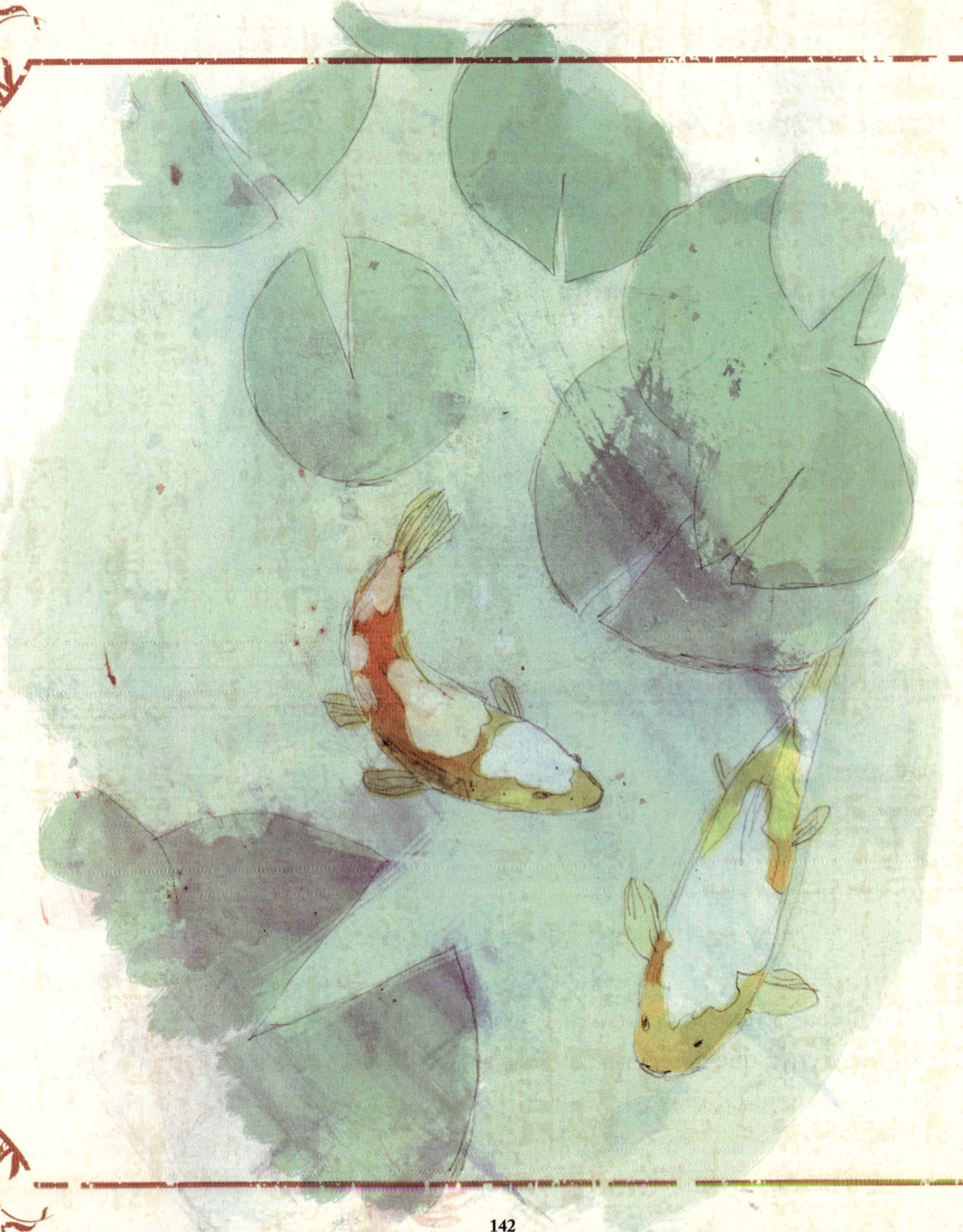

Consultar el
I Ching

A lo largo de estas líneas hemos desarrollado las diferentes posibilidades de consulta del I Ching. No se trata de un texto que responda solamente a las grandes preguntas de la vida como: ¿Quién soy? ¿De dónde venimos? ¿Hacia dónde vamos? Podemos preguntarle por la razón o finalidad de un acontecimiento. También podemos preguntarle por un menú, la práctica de un movimiento, los colores de un vestido para una ocasión determinada, si tal o cual persona nos conviene, cuál es mi vocación, cómo procedo ante una cierta cuestión, si encontraré trabajo en breve, qué aspecto de mi salud debo cuidar, si podré hacer frente a las deudas, cómo ahorrar, qué estoy haciendo con mi vida, etc. La variedad es enorme porque estamos hablando con nosotros mismos y cualquier aspecto de nuestra vida, desde el más banal al más profundo, puede conducirnos al conocimiento.

También podemos pedir una palabra de aliento, una meditación; algo en lo que detenernos a reflexionar, conocer nuestros aspectos más ocultos, más salvajes o más alegres.

Si queremos repasar nuestras virtudes, ésta es una de las maneras de ponerse a pensar en ellas. Imagina que acudes a una entrevista de trabajo muy importante y que los nervios no te dejan ver con claridad. Saca tres monedas, un papelito y algo para escribir. Consulta y deja que la respuesta te inspire.

Ponte en marcha

Cuando consultamos el I Ching obtenemos algo más que un consejo. Lo mejor es tomarlo como una sugerencia que nos inspira. Por suerte, es muy simbólica y se muestra como el camino perfecto para llegar hasta un lugar donde las respuestas más adecuadas se encuentran en ebullición.

A veces la respuesta no surge enseguida o es tan oscura que no la entendemos. Pero podemos facilitarla. Si en lugar de intelectualizarla nos dedicamos a dibujarla, bailarla, cocinarla o darle forma, podemos facilitar la comprensión e interiorizarla. Hay personas que entienden mejor haciendo las cosas; otros, creando; otros, simplemente, buscando en todas las direcciones. Lo importante es que tus motores se pongan en marcha y ya verás cómo de una u otra misteriosa forma, emprenderás el camino.

Abriendo puertas

El I Ching es una llave mágica que abre puertas. Inunda de aire y sol tu gran casa interior y permite expresarte en cualquier manera. Si estas esperando algo en concreto, lo más seguro es que no te resulte muy fácil conseguirlo.

Imagina que preguntas al I Ching sobre una relación. Te gusta alguien y no sabes si le interesas o no. Lanzas la pregunta, pero la respuesta no resulta clara. O es clara pero necesitas sumergirte en ella. Es más, te parece que nada tiene que ver. ¿Qué puedes hacer a partir de ahora?

a. Pensar que este libro no sirve para nada. Bueno, es una opción. Pero sigue intentándolo. Muchas cosas no se entienden a la primera y para profundizar hace falta dedicación.

b. Hacer la pregunta desde otros ángulos, formulándola de diferente manera. Por ejemplo: ¿Qué significa X en este momento de mi vida? ¿Cómo me ve X? ¿Cómo veo a X? ¿Qué tipo de relación tendremos X y yo este año? ¿Qué le gusta a X de mí? ¿Cómo evolucionará la relación entre X y yo este año? ¿Me conviene X? ¿Le convengo yo a X? ¿Cuál es la naturaleza de mi relación con X? Una vez que hayas anotado las respuestas a tres o cuatro preguntas, busca los denominadores comunes, las coincidencias, y a partir de ellos tendrás más opciones.

c. Escribir una carta. Lee la respuesta. Cierra los ojos. Toma lo primero que te venga a la cabeza de esa respuesta. Esa idea o esa frase debe ser la primera de una supuesta carta que le dirijas a X (que en nuestro ejemplo es una persona, pero si se tratara de una situación procederíamos de igual forma). Deja que salga todo. Verás cómo sale también lo que necesitabas.

d. Hacer un dibujo. Lee la respuesta del I Ching y empieza a dibujar. No tiene por qué tener sentido, deja que tu mano vaya dibujando y que una imagen conduzca a la otra.

e. Repetir. Lee la respuesta dos veces, una en silencio y la otra en voz alta. Cierra el libro. Y regresa a él cada hora. Este método opera como un mantra.

f. Repetir. Toma un verso que te haya impactado o que te interese. Repítelo mientras respiras, exactamente como un mantra. Por ejemplo, en el hexagrama 61, Chung Fu, la verdad interior, hay un verso que puede confundirte las primeras veces que se lee: «La luna que está casi llena. Se pierde el caballo de yunta. No hay falla». Si bien luego la explicación resulta clara, la imagen en sí para un occidental puede resultar perturbadora. Repite entonces un verso como éste mientras mantienes tu respiración hasta dar con aquello que te perturba y puedas atravesarlo.

A medida que se utiliza el I Ching y se practican varias tiradas a lo largo de los años, se llega cada vez a una comprensión más intensa. A veces, simplemente se trata de vivir ciertas cosas para poder entender otras. Mantener un diario o un cuaderno de reflexiones resultará interesante. Puede tratarse de un cuaderno dedicado a un tema concreto de tu vida para poder comprobar cómo evoluciona. La intención es presentarte diferentes opciones con el ánimo de que te resulten motivadoras hasta que encuentres tu manera de hablar contigo mismo mediante el I Ching.

Práctica 12: Mi uso del I Ching

Ejercicio 1:

Puedes probar las opciones que te hemos mencionado anteriormente de manera aleatoria. A continuación encontrarás un círculo que las contiene todas. Necesitarás un clip y algo con punta (un lápiz o un bolígrafo suelen ser lo mejor). Coloca el clip en el centro y apoya el lápiz justo en el punto central (a modo de ruleta improvisada). Pide una manera de practicar el I Ching y dale un empujoncito al clip. Allí donde se detenga será tu manera de trabajar con el I Ching durante al menos una semana.

> Pide una manera de practicar el I Ching y dale un empujoncito al clip. Allí donde se detenga será tu manera de trabajar con el I Ching durante al menos una semana.

Escribir un diario

Hacer la pregunta desde otros ángulos

Repetir (versión 2)

Hacer un dibujo

Escribir una carta

Repetir

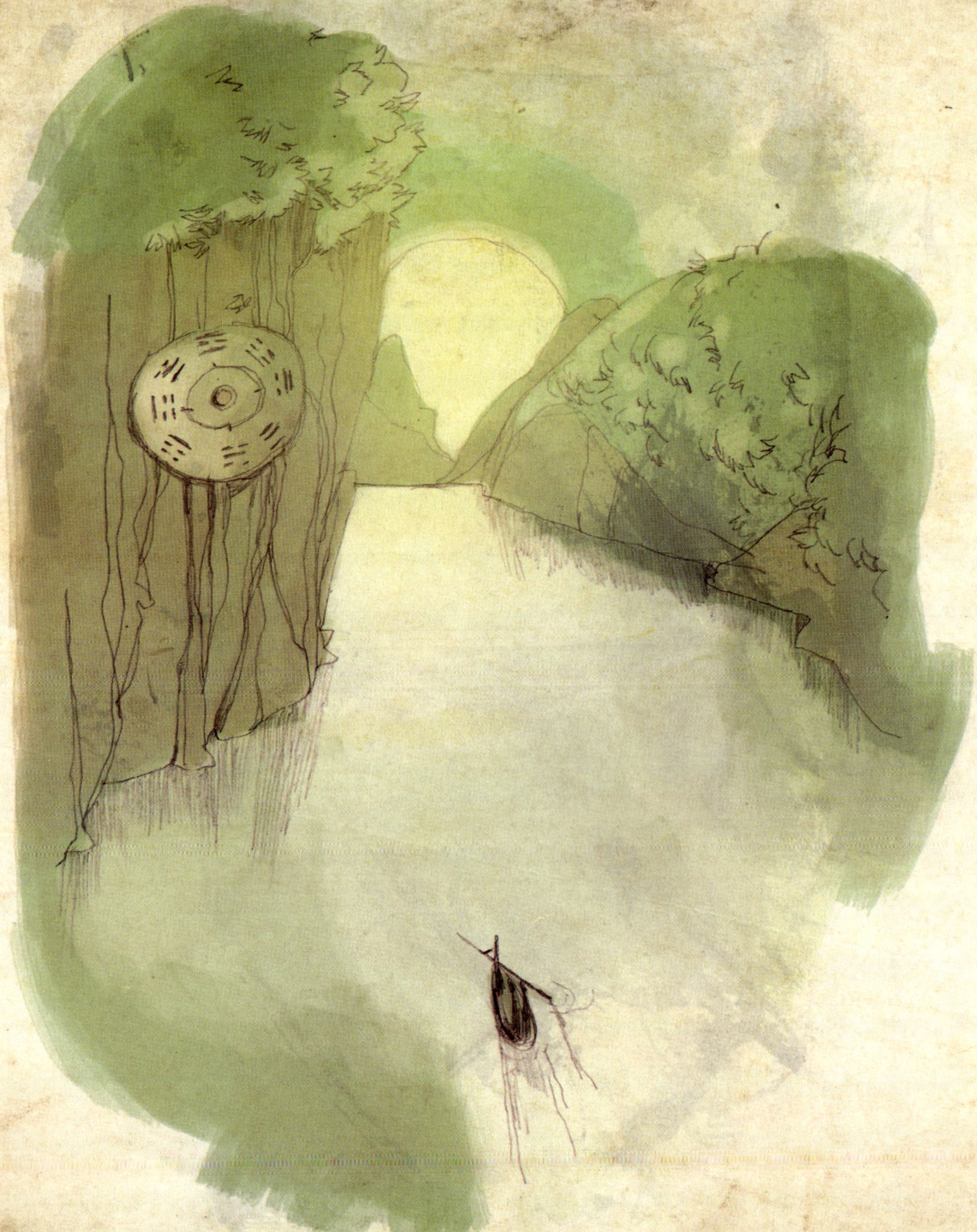

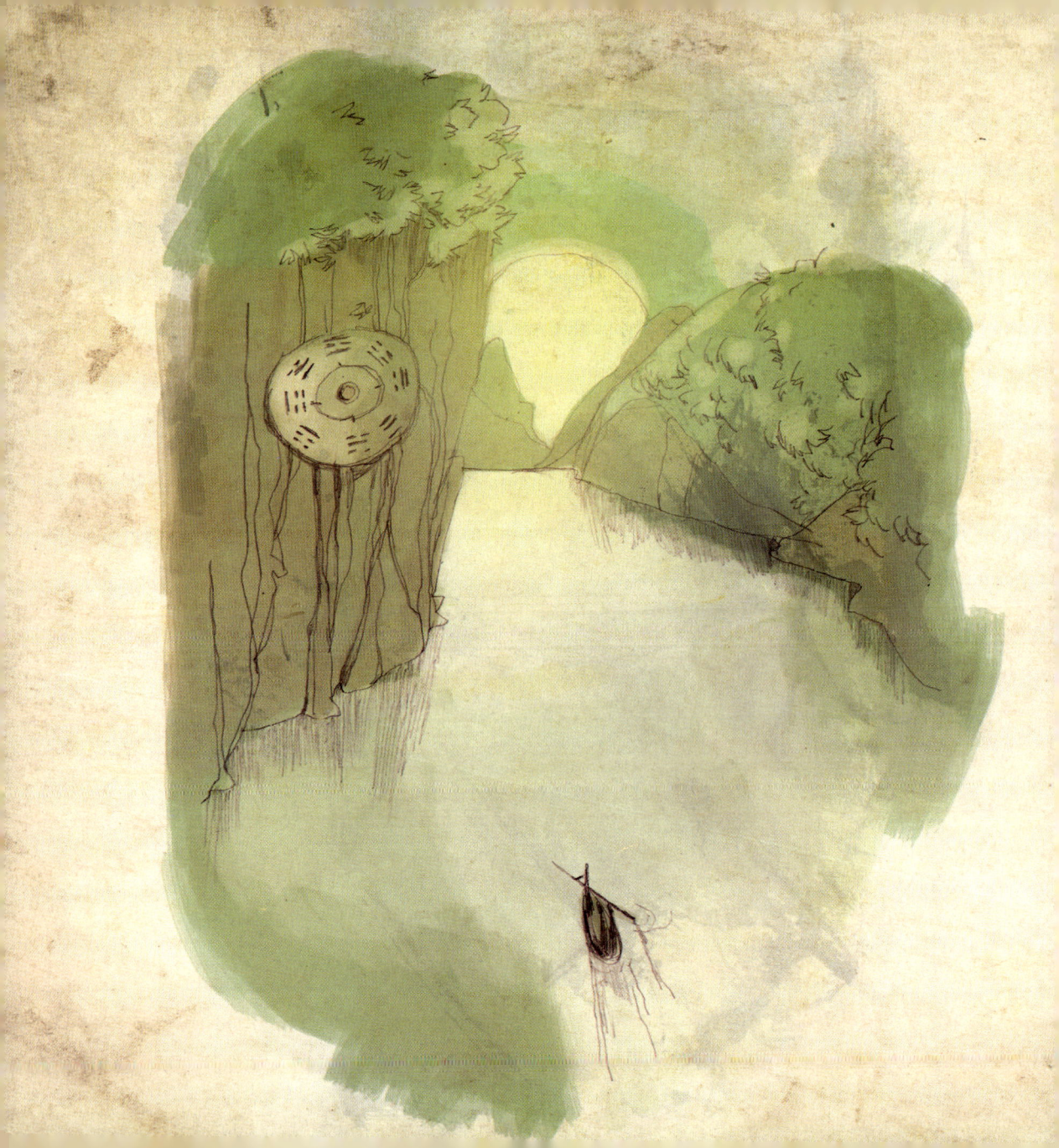

Más allá del I Ching

La sombra, luz en la celda de la pri-
sión, ¿qué dice?,
¿cuál sentido, que la palabra
no descifra por anticipado?
Ha acaecido el aguaviento.
Cambia la piel del tigre
cuando el hombre de niebla
apenas muda su rostro
a la sombra de la picota.
Que el jardinero persiga la cizaña
hasta el aposento del rey.
Al anochecer, vuelva la oveja al pastor.
El sordo teja la lana en la rueca.

Lectura del I Ching, *de Raúl Henao*

Imaginemos que como especie humana hemos dado con una manera de acercarnos al misterio de la vida. Nos gustaría comprenderlo del todo, pero si así fuera dejaría de existir tal misterio, como es obvio. Así que lo seguimos intentando con tal de que nos roce con su perfume. Entonces vivimos la maravillosa sensación de una comprensión mayor.

    Tal manera asume la forma de una voz que nos habla mediante símbolos de manera tan clara, tan oscura, tan sabia, tan inalcanzable y misteriosa como los sueños. Esta voz puede contarnos cómo los caminos se cruzan y qué parte de nuestro espíritu transita por ellos. La voz también puede decirnos qué caminos son los mejores, cuáles nos esperan con los brazos abiertos y cuáles no. Esta voz nos habla de todo sin temor ni prejuicios, tampoco nos teme ni nos juzga. Es clara y no tiene intención de confundirnos sino todo lo contrario: su objetivo primordial es guiarnos a la claridad. Sólo nos pide que escuchemos, que no hagamos ruido, que prestemos atención. No sabe que es algo cada vez más complicado de solicitar en un mundo que se devora rápidamente, que teme el silencio y que nos exige estar siempre ocupado. O quizá lo sepa y confía en nuestra enorme capacidad de hacer cosas que a veces pueden parecer imposibles.

Esa voz es la del I Ching que habla con nuestra verdad interior. Nunca tendrá el mismo tono ni el mismo matiz, pero siempre será clara. Su mensaje es muy antiguo y nos propone vivir lo más constante que se verifica a través de los siglos: el cambio, el fluir de la vida.

Para nuestra suerte y beneficio, muchas generaciones han escuchado esa voz y algo podemos saber sobre ella. A continuación, entraremos en las materias más importantes que trata el I Ching. Son asuntos universales que ocupan y preocupan al hombre desde que existe sobre este planeta que compartimos desde hace tanto tiempo.

Cambio, fluir

Lo terreno, por ti,
se hizo gustoso
celeste.
Luego,
lo celeste, por mí,
contento se hizo
humano.

El cambio, *de Juan Ramón Jiménez*

El cambio es universal. Es una fuerza que llega al infinito y que a la vez se alberga en nuestra alma. Es una fuerza positiva y sencilla que la convierte en una de las más poderosas, casi única. Contiene un ciclo primordial: concentración y expansión. Ésta es la base del cambio. Quien quiera conocerlo, ante todo debe familiarizarse con este ritmo. Es el ritmo de la respiración. Es el ritmo producido por el encuentro entre el cielo y la tierra. Es el ritmo que lo alimenta todo, y todo puede ser simplificado y analizado mediante este movimiento.

No respetar este ritmo conlleva un desequilibrio de proporciones desastrosas al igual que no se puede inhalar sin espirar. Nada puede contraerse sin expandirse, ni expandirse sin contraerse. ¡Cuántos hechos de nuestras vidas caben en este abrazo! Abrir los brazos y cerrarlos, dar y recibirse, crecimiento y contracción, crisis y desarrollo. Kun, la tierra y Kien, el cielo, se unen gracias a la fuerza universal del cambio determinando el ritmo del Todo.

Kien inspira para crear, Kun puede dar esa creación. Kien es directo, se concentra en sí mismo y crea energía. Kun se abre para dar forma a esa energía. Kien crea y Kun continúa. Y a partir de estos principios del Todo, la vida se engendra. Lo celeste y lo humano sólo pueden generar vida si están juntos.

Kien es la fuerza de la idea, de los comienzos, de los planes. Kun realiza y lleva esas ideas a término. ¿Qué hay de celeste y de humano en tu vida? ¿Puedes identificarlo?

Movimiento y descanso, inseminación y gestación, contracción y expansión, acción y reacción. ¿Qué te han aportado tus momentos de contracción cuando parecía que el invierno se apoderaba de ti? ¿Cuáles han sido los momentos de expansión? Quizá ya lo sabías, pero a partir de ahora no puedes olvidar la certeza de que la grandeza de uno implica la del otro. No puedes hacer más que eso y ya es más que suficiente porque el cambio es superior a ti; y tú, yo, todos le pertenecemos.

Kien es fácil y por ello es fácil reconocer el cambio. ¿Quién no ha sacado algo de la nada, al menos una vez? Ése es el poder de Kien, del cielo, y es fácil de reconocer. Kun es sencillo y por eso es sencillo seguir el cambio. ¿Quién en su vida no ha hecho algo que se le ha ocurrido y era nuevo, al menos una vez? Éste es el poder de Kun, la tierra, y es sencillo reconocerla. Así, quien reconoce estas fuerzas y sus poderes puede realizarse. No es una cuestión de tiempo ni de espacio, es una cuestión de ciclos vitales del cambio.

Encontrarse

Esto ante todo: pregúntese en la hora más callada de la noche: ¿debo hacer esto? Busque en lo más profundo de sí mismo la respuesta. Y si ésta es afirmativa, si enfrenta esta grave pregunta con un seguro y sencillo «sí», siendo así, edifique su vida conforme a tal necesidad: su vida, aún en la hora más insignificante y pequeña, debe ser signo y testimonio de ese acto. Entonces, trate de expresar como el hombre primigenio lo que ve y siente, lo que ama y pierde.

Carta a un joven poeta, *de Rainer María Rilke*

La serenidad de encontrarse y de realizarse se separa de la confusión, de la ansiedad y del arrepentimiento tardío. Las tres nublan la visión, nos atan a una piedra que no muestra el camino y sólo nos harán perder un tiempo que es precioso. Antes será necesario conocerse para purificarse. Conocerse es saber desde dónde se toman las decisiones: desde el alma o desde el miedo, desde el alma o desde la imagen que deseamos tener de nosotros mismos. Cuando se conocen estas verdades, cuando reconocemos nuestro cielo interior y nuestra tierra interior, nuestro día y nuestra noche, nuestro invierno y nuestra primavera, nuestra muerte y nuestra vida, entonces es el momento de abrazar el cambio. Antes no es posible. Porque solamente entonces podremos dejar que el cambio nos mueva y nos cambie para que encontremos nuestro lugar en la tierra. Y cuando así sea, el cielo te ayudará, el camino se te mostrará claro y no habrá nada que entorpezca tu llegada. No depende todo de ti, pero no procedas de tal manera que aquello que sí depende de ti cierre tu camino.

En los momentos de dificultad, confusión, ansiedad o culpa es necesario fiarse del cambio y preguntarle mediante palabras sencillas y claras sobre nuestro andar. El cambio honra sus argumentos mediante palabras para que puedas modelar tu pensamiento con ellas. El cambio honra sus movimientos mediante la transformación para que puedas formar tus acciones de acuerdo a ellas. El cambio honra la Creación y su poder mediante símbolos para que puedas conformar tu imaginación según ellos. La respuesta que obtengamos la tomaremos con fuerza, con todo nuestro ser y en nuestro corazón. Sólo tomando esta inspiración Kien) podrás despertar tu espíritu y dar forma (Kun) a tus acciones.

No se trata de un proceso de pura lógica, de concienzudo razonamiento. Aquí entran en juego factores que no controlamos, como el inconsciente, el espíritu… Es necesario inspirar la respuesta para poder dar forma a nuestro aliento de vivir, si nos mantenemos acordes al I Ching.

Consultar el libro de los cambios nos permite contactar con nuestra alma. Luego nuestra mente podrá operar para encontrar una estrategia o cuanto nos haga falta. Pero antes se trata de confiar y de llamar a nuestra voz interior. Ésta es la manera de dedicarnos a lo que somos, a nuestro camino y a nuestra realización. El cielo te ayudará y el camino se abrirá ante ti.

Un barco en la tempestad

Cómo explicar con palabras de este mundo que partió de mí un barco llevándome.

Árbol de Diana, *de Alejandra Pizarnik*

El tratado sobre el I Ching se ocupa especialmente de esos momentos difíciles o en los cuales nos sentimos perdidos. Para el Gran Tratado, perderse es una forma de encontrarse porque puede conducirnos a una nueva salida.

No hay que olvidar los signos de oscuridad y de luminosidad; lo que es claro y lo que es oscuro nos mostrarán qué es bueno y qué es malo por más que nos digamos mil veces que no puede ser. Prestando atención a los símbolos se puede verificar lo que es esencial que nos impulsa a llamar a las cosas por su nombre y no por lo que no son o silenciándolas. No se trata de nombrar para otros, sino de nombrar para uno mismo.

La vida se renueva cada día en mil formas, pero la esencia es la que no cambia y se revela en forma de símbolos. No siempre podemos entenderlos porque el misterio opera más allá de la comprensión y solamente a través del espíritu. Sin embargo, a medida que nos dedicamos a nuestro trabajo de ahondar en la comprensión, el espíritu llega y nos ilumina. Sólo el capitán que no sabe interpretar los vientos o las estrellas pierde por completo el gobierno de su barco. Quizá los que se pierdan existen para dejarnos su sagrado y oscuro testimonio. Pero éste no es el objetivo del camino.

No hay viento que no se pueda conocer para que nos lleve a un buen puerto. Pero jamás olvidemos que no es cuestión de tiempo, sino de esencia. El cambio se ocupa de la creación y la generación de la esencia y nosotros participamos de ese ciclo vital universal. La pregunta es: ¿Quieres encontrar tu puerto? No es una pregunta fácil porque puede que lo digamos pero no hagamos nada. La única manera es mirarse de frente en el espejo. Saber esta verdad nos liberará y nos conducirá al camino que deseamos y a veces no sabemos cómo tomar. ¿Quiero encontrar mi camino? Es hora de preguntar al I Ching y recibir su respuesta. Es entonces cuando sucederá la verdadera transformación para que podamos completarnos en nuestra naturaleza.

Mirar los cambios de frente

> *No quiere encuentros falsos*
> *y contempla su cara en un espejo,*
> *que se detuvo y guardó*
> *fulgores que no envejecen*
> *mañana.*
>
> El Espejo, *de Juan Gelman*

El cambio hace el camino visible. Recordemos que el cambio opera a través de los principios básicos de Kien, el cielo, y Kun, la tierra, en el eterno ritmo de la noche y el día, del contraerse y del expandirse. Percibimos el espíritu en acción, mientras nos aplicamos al conocimiento y a la sensibilidad ante el cambio.

Ésta es la manera de acumular poder personal para realizarnos. El universo es feliz cada vez que uno de sus seres nace, la Creación lo celebra y por lo tanto protege a sus hijos.

En el I Ching se defiende la existencia de espíritus guía que celebran, por decirlo de algún modo, nuestra salvación. Se llame como se llame, podemos reconocerlo como realización. La actitud veraz hacia uno mismo comienza por el conocerse, por ver más allá de las circunstancias, por adquirir una visión de conjunto. Todo ello nos conduce a ser completos; entonces la ayuda y la protección llegan como la lluvia que se ha esperado durante mucho tiempo.

Sean espíritus o fuerzas del Universo, todos conocemos a alguien que arriesgó por cuanto creía de verdad y se encontró que la vida le sonreía un poco más. También sabemos muchas veces de personas que hagan lo que hagan se ven derrotadas. El I Ching no habla de la suerte en sentido estricto sino de la celebración de formar parte de la vida. El I Ching no promete paraísos en otros mundos, sino que menciona una y otra vez, sin dejar de insistir en ello, que quien acepta que la vida está en constante transformación y fluye con ella ve colmadas sus expectativas como el hijo bien recibido dentro de la familia universal a la que todos pertenecemos.

Un corazón abierto

No, mi corazón no duerme.
Está despierto, despierto.
Ni duerme ni sueña, mira,
los claros ojos abiertos,
señas lejanas y escucha
a orillas del gran silencio.

Apuntes, de Antonio Machado

Las respuestas del I Ching sólo pueden comprenderse con el corazón. El cambio no es un tema que se deduce o interpreta. La respuesta es única para cada persona y sólo se puede escuchar desde el interior y sólo se puede contestar con la voz interior. Porque la vida no responde a roles establecidos. Éstos son como anclas en medio de la tormenta que sólo facilitan que nuestro barco se parta en mil pedacitos. La vida es misterio. La vida es cambio. Sólo podemos mirar hacia nuestros orígenes e identificar nuestros deseos. No podemos deducir el cambio, analizarlo racionalmente. No se puede diseccionar la vida. La clave es mantener el corazón abierto y permitir que allí se instale la respuesta del I Ching.

Las palabras del I Ching operan de una manera que podemos llamar «mágica», como mágico es todo cuanto procede directamente del misterio. Esa magia, ese hálito sagrado, entra en nosotros. Y se instala en nuestro corazón y desde nuestro interior explota. Cuidado en la acción y silencio en el interior son las maneras de proteger a nuestro corazón abierto. Lo demás no depende de nuestro control. No es cuestión de tiempo sino de esencia; y esta es la materia más importante del cambio, la que permite descubrir nuestro verdadero camino a medida que lo vamos transitando.

¿Mi corazón está abierto al cambio? Pregunta al I Ching, considera su respuesta y sobre todo confía en el tiempo que facilitará que la respuesta florezca.

> Las palabras del I Ching operan de una manera que podemos llamar «mágica», como mágico es todo cuanto procede directamente del misterio. Esta magia, ese hálito sagrado, entra en nosotros.

Agradecimientos

Mucha gente cree que escribir un libro es cuestión de encerrarse en un lugar solitario e idílico donde el genio fluye. Nada más lejos de la realidad (en mi caso). Para que mis libros sean posibles, han de darse la mano muchas fuerzas poderosas. A ellas quiero dar las gracias muy sinceramente.

A los lectores y a las personas que confían en lo que escribo. Son, sois, una parte esencial de todo.

A mi libro del I Ching, la versión de Richard Wilhelm publicada por Edhasa, que me ha acompañado durante 25 años. Vaya donde vaya, es uno de los objetos más importantes de mi equipaje de mano. A veces pasa cierto tiempo sin que lo utilice, pero no ha dejado de ser una manera fácil y cercana de escucharme y dar voz a mi inconsciente. Según Lao Tse, los espíritus de la sabiduría hablaban mediante el I Ching. A ellos doy gracias por las palabras fluidas, sin olvidarme de las musas bondadosas.

También cuento con la presencia de seres muy queridos que me impulsan a escribir: Rosa María, Toñi y Quim. Mis padres, con su hálito inspirador: Manuel y María. Jaume, que me encargó el libro; Esther, con su buen hacer, su recuerdo y honestidad. Italo, mi salvavidas que a veces me ahoga. Valentina, Luciana, mis queridas amigas lectoras. Miguel y sus postales mágicas. Nuni, porque todo se andará. Y ahora que tengo ayuda celestial en las engorrosas labores representativas, quiero dar las gracias a Ángela por su labor como agente y amiga.

Este libro llega a tus manos también gracias a la confianza depositada por Océano Ambar, la labor de la edición a manos de Pere y tantos otros que no conozco, pero que sé que están ahí.

Gracias a todos.